河出文庫

大日本帝国最後の四か月

終戦内閣〝懐刀〟の証言

迫水久常

河出書房新社

目次

第三章　陸海軍首脳と議会への対策 95

大日本帝国最後の四か月

終戦内閣〝懐刀〟の証言

第一章　踏み出した終戦への第一歩

陛下終戦の意図を表明される

昭和二十年六月二十二日——。わたしは生きている限り、この日を忘れることができない。

大東亜戦争（その後米国の呼称にならって太平洋戦争と呼ばれるようになった）の歴史的な終結は、昭和二十年八月十四日の午後十一時だが、日本が事実上の終戦へスタートを切ったのは、それより五十日ほど前の六月二十二日である。この日の重大なできごとは、一般にあまり知られていない。

当時、最高戦争指導会議という組織が存在した。構成員は、首相、外相、陸海両相に陸軍の参謀総長と海軍の軍令部総長が加わった六人である。

わたしが鈴木《すずき》貫太《かんた》郎《ろう》海軍大将のひきいる終戦内閣の書記官長に就任したのは、昭和二十年の四月七日だから、この日までにすでに二か月半ほどの月日が流れていた。

この日、天皇陛下は最高戦争指導会議の構成員を皇居へお召しになった。鈴木貫太郎首相、東郷茂徳《とうごうしげのり》外相、阿南惟幾《あなみこれちか》陸相、米内光政《よないみつまさ》海相、梅津《うめづ》美治《よしじ》郎《ろう》陸軍参謀総長および豊《とよ》田《だ》副武《そえむ》海軍軍令部総長の六人の巨頭は、打ちそろって皇居へ参内して陛下に拝謁した。

天皇陛下は六人の巨頭に対して、とくにイスを賜わり、戦争のゆくすえについて、いろいろ下問された。各人それぞれ奉答した。この会合の最後に天皇陛下から「これは命令ではなく、あくまで懇談であるが……」との前提のもとにつぎのような趣旨のおことばがあった。

「去る六月八日の会議で、戦争指導の大綱はきまった。本土決戦について、万全の準備をととのえなくてはならないのは、もちろんであるが、他面、戦争の終結について、このさい、従来の観念にとらわれることなく、すみやかに具体的な研究をとげ、これの実現に努力するよう希望する」

六人の巨頭は、このおことばに対し、それぞれ異存がない旨を奉答した。会合から帰ってきた鈴木首相は、わたしを呼んで、こういった。

「きょうは、陛下から、われわれが内心考えていても口に出すことをはばからなければならないようなことを直接おききすることができた。まことにありがたいことである。陛下が、命令ではなく懇談であるとおおせられたのは、憲法上の責任内閣の立場をお考えになってのことと察せられ、恐懼《きょうく》にたえない」

わたしは、陛下がこのような率直なお話をなさったのは、鈴木首相が長い間侍従として陛下のお側近く奉仕し、君臣肝胆相照らす関係にあったからだと思い、鈴木大将が首相であったことを日本のためにほんとうにありがたいことだと考えた。

この陛下のおことばによって、国家を指導する最高の立場にある六巨頭の気持は、同じ線上にそろったといってもよい。このとき、鈴木総理は、組閣当初からの覚悟であった終戦の大業について一層決心を固くし、いよいよ本格的に着手するハラをきめた。強気の陸軍を代表して台閣に列した阿南陸相の心境は極めて複雑であったろうが、終戦への協力をする立場をとった。その後阿南陸相は、御前会議、最高戦争指導会議、閣議などの席上でつねに強気の発言をしてなかなかゆずらなかったが、わたしは陸相が、陸軍の暴発を押えるための苦心の腹芸であったと考え、陸相の苦心に深く同情している。鈴木内閣の終戦への決意は、陛下のおことばによって、はっきりとその方向が定まり、陸軍大臣と両総長は、あくまで慎重な態度をとったが、具体的にはすべり出した。陛下のご意図は、六人の巨頭の間だけの極秘事項として、決して下部にもらさないよう申し合わせが行なわれ、一般の閣僚にも知らせなかった。六月二十三日、つまり、この御前における会議が開かれた翌日、沖縄での戦闘は、日本軍の完敗により、いっさいの終わりを告げた。本土決戦は必至の情勢になった。

六月二十二日の会議について、木戸《きど》幸一《こういち》内大臣は、その著『木戸日記』のなかにつぎのように書きつけているので、参考のため引用しておく。

まず、陛下から「戦争指導については、さきに御前会議において決定をみたが、他面、戦争の終結についても、このさい、従来の観念にとらわれることなく、すみやかに具体的研究をとげ、これが実現に努力するようのぞむ」との意味のおことばあり「右につき首相の意見如何」とのおたずねあり。首相は「おおせのとおりで、その実現をはからねばなりません」と奉答した。ついで、米内海相におたずねあり。海相は「これは外相から拝答するのが至当であるけれども」と前提し「先日の御前会議には、第三項として(註・これは五月中旬の、六巨頭会議の覚え書の中、ソ連をして和平の仲介をなさしめるという部分を指すものと考えられる。御前会議の第三項というのは誤記であろう)腹案をもっていたが今日はもはやその時期であるから、すみやかに着手する必要があります」と奉答。東郷外相もまたこれを補足して意見を言上した。終わりに梅津総長におたずねあり。総長は「異存なきもこれが実施には慎重を要す」と奉答。重ねて「慎重を要することはもちろんなるも、そのために時機を失することなきや」とのご質問あり。これに対し、総長は「すみやかなるを要す」とはっきり奉答した。

なお、阿南陸相は「別に申しあげることはない」と陛下のおことばに同調し、豊田軍令部総長に対しては、別にご下問がなかったので、なにも言上しなかったと述べている。

この日の会合で陛下がそのご意図を明確に表明されたことは、日本が和平への道を決定的に踏み出したのを意味している。それまで、暗中模索をつづけてきた政府の終戦への態度もはっきりとその方向をつかんだことになる。

国力の調査を命じた鈴木首相

六月二十二日の御前会議で、陛下は「さきの会議で戦争指導の大綱はきまったが……」とおおせられた。この「さきの会議」というのは、それより二週間ほど前の六月八日に開かれた御前会議を指しているが、ここまでにたどりつくには、いろいろな迂余曲折があった。

鈴木内閣の組閣が終わったのは昭和二十年の四月七日だが、翌八日、総理はさっそくわたしを呼んで、こういわれた。

「わたしは今後の戦争の指導についてはとくと考えなければならないと思うが、陸相入閣のときに陸軍が示した条件のこともあるので、ここしばらくは静観していかなければいけないと思っている。陸軍の連中は徹底抗戦を主張しているようだが、いまの日本には、ほんとうに戦争をつづけていくだけの力があるかどうか調べてみる必要がある。和戦いずれの道をたどるにしても政府としては国力の現状をつかんでおかなければいけないので、ご苦労だとは思うが、なるべく広い範囲にわたって国力の調査をしてくれないか」

内閣書記官長として、わたしは調査機関の人選からはじめなければならなかった。同時に内閣綜合計画局の機能をフルに発揮する必要を感じていた。そのためには陸軍の協力が必要である。そのころ、日本国内の工場という工場は、軍需工場の指定を受け、すべてのところに軍から派遣された監督官が駐在していた。わたしは、内閣綜合計画局長官には、軍部も信頼してくれる人が望ましいと考えた。この旨を鈴木総理に上申すると、人選は君にまかせるといわれた。わたしには心当たりがあった。かつてわたしが企画院の第一部第一課長をつとめたときの上司で、第一部長だった秋永月三《あきながつきぞう》陸軍中将なら、その人柄といい、能力といい、申し分がないと思いあたったので、ただちに起用してもらうことにした。こうして首相の命令による国力調査は、最高戦争指導会議の事務局が担当することになった。

　最高戦争指導会議は、正式のメンバーのほかに四人の幹事、つまり、事務担当者がいた。陸軍の吉積《よしづみ》［正雄《まさお》］軍務局長、海軍の保科《ほしな》［善四郎《ぜんしろう》］軍務局長、秋永綜合計画局長官およびわたしである。四人の幹事は何回も何回も会合して、具体的な調査をどう進めていくかについて話合い、最高戦争指導会議には幹事の下にそれぞれ幹事補佐をおき、その人たちにいろいろ頼むことにした。内閣の毛里《もうり》英於菟《ひでおと》、陸軍省および参謀本部からの種村佐孝《たねむらすけたか》大佐、海軍省の末沢慶政《すえざわよしまさ》大佐、軍令部の柴勝男《しばかつお》大佐および外務省の曾《そ》禰《ね》益《えき》などがそれで、われわれは四月なかばからかれらに動いてもらい、およそ一か月後に大まかな調査結果を得た。これを四人の幹事でさらに検討し、足りない部分をもう一度調査してもらい、五月の末から六月のはじめへかけて、つぎのような成案をつくりあげた。調査の結果はつぎつぎにわたしのもとへ届けられてきたので、わたしはそのつど、鈴木総理にも報告した。したがって、成案ができあがるころには、鈴木総理も戦争の継続はたいへんむつかしいとの考えをはっきりつかんでいたように思う。

いくつかの例をあげてみると、つぎのようになる。鉄鋼の生産計画は、年間三百万トンを目標にかかげていたが、昭和二十年一月以降は月に十万トン足らずしか生産されていなかった。はじめの計画の三分の一以下に落ちている。飛行機の月産は千機の目標をたてていたが、実質的には五百機以下で、しかも機体の原料になるアルミニウムは底をつき、九月以降になると、計画的な生産の見込みはゼロという状態である。石油のストックはなくなり、海軍の艦船は、重油に大豆の油をまぜて使っているのが実状だった。敵機の空襲による被害は、思ったより大きくB29一機が飛んでくると、二百七十戸あまりの家が焼失する計算で、このままいくと、九月の末までには人口三万以上の全国の都市は全部焼き払われるという数字がはじき出された。また外洋を航行し得る船舶はつぎからつぎに沈められ、その数は加速度的にふえていたが、補充の見込みは全然つかなかったし、このままいけば、年末には外洋を走ることのできる船は一隻もいなくなることが予想された。そのうえ、欧州戦線ではベルリンが陥落し、ナチス・ドイツはついに崩壊した。このときを転機にして、ソ連は欧州各地へ派遣していた兵力を極東へ回しはじめ、ソ満国境へ集結させているという情報が舞いこんできた。その状況から判断すると、ソ連は九月の末あたりからいつでも満州へ出兵できる態勢をとりつつあることがわかった。

これらの調査結果は極秘に付され、ほんの一部の人びとしか知らなかった。わたしたち幹事はこれを「国力の現状」と「国際情勢の判断」という二つの部門に分けて整理し、鈴木総理のもとへ提出した。

極秘に付された調査結果

この資料は、終戦の日まで極秘のあつかいを受けた。戦時中のことなので、その内容は文語体でまとめられていたが、口語体になおすと、つぎのようになる。表現はたいへん率直で、真実に近い数字や事情が伝えられているので、貴重な資料といってよい。全文はつぎのとおりである。

国力の現状

一、要旨　戦局の急迫にともなって、陸海交通と重要生産はますます阻害せられ、食糧の窮乏は深刻さを加え、近代的物的戦力の総合発揮は非常に困難となり、民心の動向はまた深く注意を要することになった。したがってこれらに対するもろもろの施策は、まったく一瞬を争うべき情勢になっている。

二、民心の動向　国民は胸のなかに深く忠誠心を抱き、敵の侵略などに対しては抵抗する気構えを示してはいるが、一方、局面の転回を希望する気分もある。軍部および政府に対する批判がしだいに盛んになり、ややもすれば、指導層に対する信頼に動揺をきたしつつある傾向がみられる。かつ、国民の道義がすたれてくるきざしをみせている。また、自己だけを防護するという観念が強く、敢闘奉公精神の高揚はじゅうぶんではない。庶民層では、農家においても、あきらめと自棄的な風潮がみられる。指導的知識層には、あせりと和平を求める気分が底流していることがみられる。このような情勢に乗じて、一部の野心分子は、変革的な企図をもって動いている形跡がある。沖縄作戦が最悪となったときの民心の動向に対しては、とくに深甚な注意と適切な指導とを必要とする。なお、今後敵のほうから、わが思想を乱すような行動が盛んになることも予期しなければならない。

三、人的国力　(イ)人的国力は、戦争による消耗もまだ大きくはない。物的国力にくらべれば、なお余裕がある。ただ、その使用は、概して効率的でない。動員および配置は、生産の推移に即応していなくて、人員の偏在、遊体化を示しつつあるありさまであって、徹底的な配置転換および能率増進を強行すれば、人的国力の面で、戦争遂行に大きな支障はないし、これが活用のいかんによっては、まだ、戦力をつくり出す余地があるとみとめられる。ただし、今後において、大規模な兵力動員がある場合は、必ずしも楽観を許さないものがある。(ロ)戦争に基づく人口増加率の低下のきざしがようやく現われ、また、体力の低下はとくに戒心を要する。

四、輸送力および通信　(イ)汽船輸送力については、使用船腹量が急激に減少して、現在では、約百数万総トンになっており、しかも燃料の不足、敵の妨害が激化するとともに荷役力も低下しているため、運航がいちじるしく阻害されている。もし、最近における損耗の実績をもって推移するなら、本年末においては、使用船腹量はほとんど皆無に近い状態になるであろう。また、大陸との交通を確保できるか、できないかは、沖縄作戦のいかんによるところが大きく、最悪の場合には、六月以降計画的な交通を期待することができなくなるだろう。機帆船の運輸力もまた燃料不足および敵の妨害によって、急激に減少するおそれが大きい。(ロ)鉄道輸送力は、最近における車両、施設などの老朽化に加え、空襲の被害によって、しだいに低下しつつある。今後、敵は交通破壊のための空襲を激化させてくるだろうし、そのため、鉄道輸送力の確保にはあらゆる努力を尽くしつつあるが、前年度にくらべ、二分の一程度に減退するだろうし、とくに本年中期以降は、一貫性を失い、局地輸送力となってしまうおそれが強い。(ハ)陸上の小輸送力ならびに港湾の荷役力は、資材、燃料、労務事情および運営体制の不備などをともなって、末端の輸送および海陸輸送の接続だけでなく、鉄道および海上輸送自体についても重大な支障が出てきつつある。なお、港湾については、今後敵襲によってその機能が停止させられるおそれが大きい。(ニ)通信は、資材、要員などの事情ならびに空襲の被害により、その機能がさまたげられつつある。今後、空襲がひどくなるにつれ、本年中期以降においては、各種の通信連絡は、いちじるしく困難になるものと思われる。

五、物的国力 (イ)鉄鋼の生産は、主として原料炭および鉱石の輸送、入手難などのため、現在はだいたい前年の同期にくらべ、四分の一程度に減っており、鋼船の新造、補給は本年中期以降、まったく期待できない状況にある。なお、いまもっている資材の活用、戦力化についても実行の途中で、多大の困難を克服する必要がある。(ロ)東部および西部地域に対する石炭の供給は、生産および輸送力の減退にともなって、いちじるしく低下し、空襲の被害の増大にともなって、中枢地帯の工業生産は、全国的に下降線をたどりつつある。中期以降の状況によっては、中枢地帯の工業は、石炭の供給が途絶えることによって、相当の部分が運転休止になってしまうおそれが大きい。(ハ)大陸からの工業塩の輸送量が減ってきたので、ソーダを基盤とする化学工業の生産は、加速度的に低下しつつある。とくに中期の原料塩の供給は危機に直面することが予想される。このため、軽金属および人造石油の生産はもとより、火薬、爆薬の確保にも困難が生まれてくるのはまちがいない。(ニ)液体燃料は、今後、日本、満州、支那からの自給にまつほかはなく、貯蔵油が底をつくのと増産計画の進行が遅れることによって、航空燃料などの逼迫《ひっぱく》は、中期以降の戦争遂行に重大な影響をおよぼす情勢にある。(ホ)航空機を中心とする近代兵器の生産は、空襲の激化による交通および生産の破壊、ならびに前にのべた原材料、燃料などの入手難のため、在来の方式による量産は遠からずむつかしくなるものと思われる。

六、国民生活　(イ)食糧の逼迫は、だんだん深刻さを加え、この端境期は開戦以来最大の危機に見舞われている。大陸からの糧穀および食料塩の計画的な輸入を確保したとしても今後国民の食生活は強く規制された基準の糧穀といのちをつなぐに必要な最少限の塩分をようやく摂取する程度になることを覚悟しなければならない。さらに海外からの輸移入の妨害、国内輸送の分断、天候および敵襲などにともなう生産の減少といった条件を考えるとき、局地的に飢餓状態が出てくるおそれもある。治安上からみても楽観を許さない。なお明年度の食糧事情が本年度にくらべて、さらに深刻になることは想像にかたくない。(ロ)物価の値上がり状況が一段とはげしくなり、ヤミの横行、経済道義のすたれたことなどによって、経済の秩序が乱れる傾向がいちじるしくなってきている。今後の推移によっては、インフレーションの進行がその極に達し、ついには戦争経済の組織的な運営を不可能にすることもじゅうぶん考えられる。

世界情勢の推移についての判断

一、敵側の情勢　当面の主たる敵である米国は、物心両面の出血がふえたり、ルーズベルト大統領の死去、あるいは欧州戦争の終結にともなう戦争倦怠気分や戦争指導上の悩みをうちに秘めながらも、なお、豊富な物力をもって、単独で、すみやかに対日戦争を終わらせようとする戦意が盛んで、今後も対日作戦の強行に邁進《まいしん》してくるものと思われる。英国は欧州戦争が終わったのち、なるべく早い時期に終戦を希望はしているだろうが、対日戦争の指導は、米国が主導権を握っているので大勢を左右するところまではいかない。つまるところ、英国は全世界における米国との協調の必要性ならびに彼の予想する戦後の東亜処分に際しての自国の発言権を確保するため、対日戦争参加を続行し、かつ、在東亜の兵力を増強するであろう。重慶（蔣介石《しょうかいせき》のこと）は、延安（毛沢東《もうたくとう》のこと）との抗争およびソ連の動きについて苦悩しているが、なお、米国を利用しての対日戦の完遂とその国際的地位の向上をはかり、米国の中国大陸または日本本土作戦に呼応して、積極的に反攻を展開するであろう。以上の大勢にかかわらず、とくに欧州においては、米英対ソ連の角つき合いがようやく表面化してきた。

また、米英と重慶との間にも戦争目的の不一致があって、反枢軸側の結束は弱くなる傾向にある。しかしながら、妥協によって当面の問題を糊塗するよう努力するだろうから、かれらの陣営の結束は、にわかに崩れることはないだろう。ただし、日本が毅然として長期戦遂行に邁進し、かれらの大出血を強要して、本年の後期までがんばれば、敵側の戦争をつづけようとする意志に相当な動揺を与えることがあるような気もする。

二、ソ連の動向　ソ連は欧州戦の終結にともない、欧州に対する戦後処理ならびに自国の復興につとめるとともに大東亜戦争に対しては、自主的な立場を持続しつつ、機に応じて東亜、なかんずく満支方面に対して勢力をのばすよう企図するものと思われる。日本に対しては、これまで積み重ねてきた措置によって、必要とあればいつでも敵対関係に入ることができるような外交態勢をととのえるとともに東部ソ連の兵備を強化しつつあるから、ますます政略的圧迫を加え、大東亜戦争の戦況が日本にとってはなはだしく不利で、自国の犠牲が少いと判断する場合には対日武力の発動による野望達成に出てくる公算が多い。しかし、米国の東亜進出に対する牽制《けんせい》的な意味の立場にたてば、比較的早期に武力行使に出ることがないともいえない。その時期については、米軍の日本本土、中北支方面への上陸のとき、北満の作戦的気象条件、および東部ソ連への兵力集中の状況などからみて、本年の夏、秋の候からあとはとくに警戒を要する。なお、ソ連としては、米国の希望の実現を助けるとともにかねてからの自己の意図達成を目途として、日本に対し米国との和平を強要する場合もないとはいえない。

三、東亜の情勢　(イ)太平洋方面　米英は有利な戦争の情勢に乗じて、日本本土をなるべくすみやかに大陸から分断するとともに熾烈な航空作戦により、日本の無力化を策し、一挙に日本本土に対して短期決戦をいどんでくるものと思われる。このため、南西諸島でわが軍が徹底的な戦果をあげない場合には、米英は南西諸島攻略に引きつづいて、付近の基地を拡充し、六月下旬以降まっすぐに九州、四国方面、状況によっては朝鮮海峡方面での上陸作戦を強行し、ついで、初秋以降、決戦作戦を関東地方にめざす公算大である。また、対日基地の獲得および対ソ、対支攻略を目的とする中北支要地作戦を行なう可能性も出てきている。なお、失地回復および対支補給などを目的として、本土およびその他の作戦と併行的に中南支沿岸作戦を企てることも考えられる。欧州戦の終結にともない、夏以降は相当量の敵、ことに大型飛行機の来攻を予期しておくことが必要である。(ロ)支那方面　重慶は米国の支援により、基幹戦力の米国式化をはかる一方、空軍力の増勢と相まって米国の作戦に策応して、秋以降には対日全面的反攻を実施する公算が大である。このように米国の進出が積極化するのにともない大陸の戦線もまことに重大な局面にぶつかるものと予想される。また、わが占領地域に対する敵、とくに延安側の遊撃反攻（ゲリラ攻撃）はますます激化されるであろう。重慶と米国との関係の現況にてらしあわせ、当面、日支間の全面和平を実現させることはたいへんむつかしい問題だが、支那の再戦場化、米国完勝による東亜制覇の前途に対しては、一抹《いちまつ》の不安を抱いているとともに、他面、延安勢力がしだいに浸透し、拡大していき、とくにソ連の圧力が増大する可能性については深刻な苦悩を内蔵しているともいえる。㈧南方方面　ビルマ方面に対しては、引きつづき敵陸海軍の圧力加重により、同方面におけるわが戦略および政略態勢は縮少しなければならなくなると思われる。また、敵は太平洋方面の敵勢力と関連して、ボルネオ上陸作戦を強行し、さらに近くマレー半島、スマトラおよびその他の要地に上陸し、政略および謀略を強化しつつ、逐次その他の各域を蚕食《さんしょく》し、その要域の奪回をねらってくるにちがいない。㈡大東亜の諸国は、戦局の推移と敵側の謀略の激化とあいまって、対日非協力的な態度が少しずつ表面へ出てきており、なかには、ついに敵性化するものもでてくるようになるであろう。

戦争指導の基本大綱決まる

この調査結果を待つまでもなく、国内の情勢は、たしかに切迫していたし、国際的にも日本は孤立を余儀なくされていた。欧州での戦争が一段落したので、やがて、ソ連が大東亜戦争のなかにクチバシをいれてくるのは、時間の問題になっていた。一時的に好転したかにみえた沖縄の戦局も日を追って悪化してきた。このような情勢のもとで、六月六日、最高戦争指導会議が開かれた。この会合では、われわれの手もとでまとめた「国力の現状」および「世界情勢の推移についての判断」の二つの報告が正式の議題としてとりあげられ、その結果「今後採るべき戦争指導の基本大綱」がきめられた。

最高戦争指導会議は、昭和十九年の夏、小磯《こいそ》〔国昭《くにあき》〕内閣が発足してまもなく設置されたものだが、それ以前は、政府大本営連絡会議という呼び方で、総理が随時メンバーを集めて情報の交換を行なっていた。戦局が日を追って悪くなっていくにつれて常置されることになったわけである。はじめのうちは、さきにのべた六巨頭とわたしをふくめた四幹事の十人が顔を合わせていたが、四人の幹事が同席していると、六人は思い切った発言ができないなどという理由もあって、四幹事はしばしば会談の席からはずされた。

五月に入ってまもない十一日、鈴木内閣のもとで第一回の最高戦争指導会議が開かれた。ついで、翌十二日には第二回の会談が開かれ、一日おいた十四日には第三回の会談といったぐあいに矢継ぎばやに進行し、一つの結論を導き出した。このときの主な議題は、東郷外相の強い発言が認められて、日本とソ連の関係を好転させようというものだった。東郷外相はつぎのような覚え書きをつくり、鈴木総理をはじめ、他の五人の了解を得ている。

日ソ両国間の話合いは、戦争の進展により、多大の影響を受けるばかりでなく、その成否いかんもこれによるところ大である。現下、日本が米英との間に国力を賭けて戦いつつある間においても、ソ連の参戦をみるようなことがあってはならない。もしソ連が大東亜戦争に直接介入してきたら、日本の死命はたちどころに制せられてしまう。このため、対米英の戦争がどのような様相を呈するにせよ、日本は極力ソ連の参戦を防ぐための努力を惜しんではならない。なお、わがほうとしては、ソ連の参戦を防ぐだけでなく、進んでその好意的な中立を獲得し、ひいては戦争の終結に関し、わがほうに有利な仲介をさせるのがもっともよい方法である。これらの目的を実現させるため、すみやかに日ソ両国の話合いをはじめなければならない。わがほうとしては、ソ連が対独戦争で勝利をおさめたのは日本があくまで中立の立場をとったからであると力説し、近い将来、ソ連は米国と相対立することが確実なので、日本をして国際的に相当な地位を保たしめるのが良策であることを説く必要がある。かつ、日、ソ、支の三国が団結して、米英にあたるときがくることを知らせなければならない。そうすれば、ソ連の最高指導者たちは日本のいうことをきいてくれるかもしれない。ただ心配されるのは、ソ連が対独戦争を終わったあと、その国際的な地位が向上したと思いこむと同時に日本の国力がいちじるしく低下したとの判断をもっているのは確実なので、ソ連側の要求が急にふくれあがってくるのは覚悟しなければならない。ソ連の欲求は、かつてのポーツマス条約の破棄を中心としてくるだろうから、日本は極力それを軽減するようにつとめなければならない。この交渉を成立させるためには、ポーツマス条約および日ソ基本条約を廃棄することにし、つまるところは南樺太の返還、漁業権の解消、津軽海峡の開放、北満における鉄道の譲渡、内蒙古におけるソ連の勢力範囲の拡大、旅順、大連の租借などの要求を覚悟しなければならない。場合によっては、千島列島の北半分を譲渡することもやむを得ない。ただし、朝鮮はわがほうに留保することにし、南満州は中立地帯にし、できる限り満州国の独立を維持するようにしなければならない。なお、中国については、日、ソ、中三国の共同体制を樹立することがもっとも望ましい。

この覚え書きは、厳秘にされていて、関係者以外はだれも知らなかったが、六巨頭会談の席上東郷外相は、つぎのようなことばをつけ加えた。

「ヤルタ会談では、おそらく、日本についての問題がとりあげられていると思うが、今日の段階では、ソ連を日本側に引き入れるのは、たいへんむつかしく、望みは薄いとみなければならない。従来のソ連のやり口からみて、大東亜戦争への参加を防ぐことはなかなかむつかしいと思われるので、むしろ、米国を相手にして、直接、終戦へもっていくのがいちばんよいのではないだろうか」

「今後採るべき戦争指導の基本大綱」は、六月七日の閣議の席にも提示された。このあと、陸軍側の申し出もあって、御前会議を開くことになった。

第一回の御前会議開かれる

六月八日の午前十時、宮内省庁舎の表拝謁の間には、最高戦争指導会議の正式メンバー六人とわれわれ四人の幹事、それに平沼騏一郎《ひらぬまきいちろう》枢密院議長と石黒《いしぐろ》［忠篤《ただあつ》］農商務相、豊田《とよだ》［貞次郎《ていじろう》］軍需相の三人が集まり陛下のお出ましを待った。なぜ二人の経済関係閣僚を加えたかといえば、二日前の六月六日、朝の九時から夕方の六時まで延々九時間にわたる最高戦争指導会議にも両大臣に出てもらったからである。軍需生産と食糧生産は、戦力を検討するうえでたいへんな意味をもっている。そう考えたわたしは、鈴木総理に対し、つぎのようにお願いした。

「こんどの最高戦争指導会議は、いつもの会議とはいささか趣きを異にしています。戦争をつづけるか、和平工作に乗り出すかのきめ手になる〝国力の現状〟および〝世界情勢の推移についての判断〟を審議してもらうわけですから、ぜひとも軍需、農商務の両大臣にオブザーバーとして出席してもらいたいと考えていますが、いかがなものでしょう」

鈴木総理も同感だったらしい。

「いいことに気がついてくれた。いちおう、構成員の諒解をとりつける必要はあるが、おそらく、だれも反対する者はいないだろう。ぜひともそうしよう」

こんないきさつもあったので、両大臣とも御前会議に出てもらったわけである。御前会議の進行表は、幹事の手もとでつくった。はじめに鈴木総理が開会のあいさつを行なったあと、秋永綜合計画局長官が「国力の現状」を朗読した。つづいて鈴木総理の指名で、わたしが「世界情勢の推移についての判断」を読みあげた。このあと、出席者の発言が相つぎ、陛下が部屋から退出されたのは正午少し前であった。

この御前会議のあと、木戸内大臣は関係閣僚や両総長といろいろ懇談されたようだが、六月二十日、鈴木総理は、最高戦争指導会議のメンバーを招いて具体的な和平工作について協議した。大勢は同意に傾いたが、軍部の連中は、条件つきで認める結果になった。

阿南陸相および梅津参謀総長、豊田軍令部長の三人は、異口同音にこういった。

「われわれはまだ敗《ま》けたわけではない。沖縄は敵の手中に落ちたけれども、まだ、本土決戦という手が残されている。われわれは、本土決戦に期待をかけている。ここで大きな戦果をあげたのち、和平交渉に入れば、有利な条件が得られると思っている」

鈴木総理はこのときのもようを木戸内大臣に話し、つづいて木戸内大臣は陛下に言上した。そして、鈴木総理は、木戸内大臣とも相談して、陛下が最高戦争指導会議の六構成員を呼ばれて、直接、平和への道をさがすようにお話し願うのがよいと判断した。こうして六月二十二日、これら六巨頭に対し、陛下から直接お招きがあったというわけである。

広田元総理がソ連大使に接触

東郷外相は、入閣後まもないころから米国と直接和平の交渉を進める腹づもりでいたが、軍部の反対に出合い苦慮していた。そのころ、米国は、日本の国家としての無条件降伏を要求すると内外に向かって公言していたので、国体の護持を絶対の条件とする以上、直接の話合いは、土台無理だと考えられた。米国と直接談判ができないとすれば、次善の策を講じなければならない。結局、最少限度にソ連の参戦を防ぎ、できることならば、ソ連を間にたてて、少しでも有利な講和をもたらすという目的で、活発な対ソ工作をくりひろげることで閣内の意見が一致した。この工作は、秘密のうちに進められた。

東郷外相は、ベテラン外交官の広田《ひろた》弘毅《こうき》元首相に白羽の矢を立てて、私的にマリク駐日ソ連大使に接触させ、ソ連側の意向を打診してほしいとたのんだ。これが軍部に知れわたると、どんな事態が起こるかわからないので、ことは慎重に運ぶ必要があった。機会はなかなか訪れなかったが、六月三日の夕方、散歩の途中ということで広田元首相が、当時、箱根の強羅《ごうら》ホテルに疎開していたマリク大使を訪ね、まず、話合いのいとぐちをつかんだ。翌六月四日、広田元首相はマリク大使を夕食に招き、核心に触れる話を切り出した。

「こんご、アジアの平和は、ソ連の態度いかんにかかっており、日本ではソ連との平和関係をずっと保持してきたことをよろこんでいる。日本は、ソ連の政策を理解しており、日ソ間の中立条約をいっそう押しすすめ、友好の実をさらに深めたいと考えているので、よろしくお願いしたい」

申し入れを受けたマリク大使は、つぎのように返事した。

「ソ連は日本に対して、終始一貫、平和政策をとってきたが、日本はあまり協力的ではなかった。そのため、ソ連の国内では、日本不信の声が高まっている。しかし、日本政府の意向はよくわかったので、研究してみましょう。ついては、一週間ばかり時間を貸してほしい」

マリク大使は、まもなく、本国に請訓《せいくん》したが、あまり色よい返事はもらえなかったらしい。一週間たち、十日が過ぎて、広田元首相は再三マリク大使を招待したいと申し出たが、日本側の意に添えないと思ったのか、マリク大使はなかなか腰をあげなかった。

最初の会談から二十日以上もたった六月二十四日になって、やっと会見にこぎつけた。とはいうものの、マリク大使は、日本側の具体的な態度がよくわからないので、返事をするわけにはいかないといってことばをにごした。広田元首相は東郷外相に会って、ある程度の具体案を引き出し、六月二十九日、四たびマリク大使に会ったが、この会談は沖縄が壊滅的な打撃を受けた直後なので、これ以上の進展をみることなく終わった。

沖縄戦線の敗北が悪材料の一つになったことは否定できないが、このほかにも会談の成立をさまたげる大きな要因が介在した。それは陸軍の憲兵である。

広田元首相がソ連を通じて和平工作をしているとのうわさをききこんだ憲兵は、広田邸へ乗りこんで事情をきいたり、ある時は、ぶしつけにもマリク大使に会見を求めるようなこともした。非礼きわまりないことだが、当時の憲兵のなかには、極端に行き過ぎたものもあって、かれらの行動には常軌を逸するものが多かった。少しでも和平を口にしたり、戦争の見込みについて悲観的な言動をする者は、ただちに軍の意向にそむくものとして逮捕していた。戦後日本の政治的基盤を築いた吉田茂《よしだしげる》元首相なども鈴木内閣が成立するのと時を同じくして和平論者の烙印を押され逮捕された。

第二章　鈴木終戦内閣ついに成立

内閣を投げ出した小磯国昭大将

昭和二十年四月四日午後二時すぎ、ときの首相小磯国昭大将は、木戸幸一内大臣を訪ね、内閣総辞職の意向を明らかにした。

「かねてご相談していたように現在のような戦局では、国家の最高機関としての政府の組織や性格がそのままであってはいけないように思います。そこで、わたしは陛下のお許しを得て、大本営に列することになり、戦争指導についてじぶんの意見をのべてみたが、どうもうまくいかない。これからの内閣は、大本営内閣か、戦争指導内閣でなければならないと思っている。そこで先月の末ごろ、米内海相ともいろいろ話をし、内閣改造を考えてみたが、これまでの例をみてもわかるように改造を行なって内閣が強化されたためしはないので、これは考えものだという結論に達した。たまたま陸軍では、本土防衛の態勢を強化するため、杉山《すぎやま》［元《げん》］、畑《はた》［俊六《しゅんろく》］の両元帥が方面軍総司令官として出ることになり、陸相の後任には阿南大将を推すとのことだが、これらの人事は六日ごろ実現したいといっている。陸相を更迭《こうてつ》して、すぐ総辞職するのでは、いかにも陸軍当局を裏切るようなかたちになるので、きょう米内海相とも相談したうえで、総辞職したいと考えるようになった」

小磯首相は、どうしても総辞職したいと力説した。小磯首相の決心はひるがえりそうにもないので、木戸内大臣がたずねた。

「では、いつ、総辞職するつもりですか」

「きょう、いまから臨時閣議を開いて閣僚の辞表をとりまとめようと思っている」

あまり唐突なので、木戸内大臣はびっくりした。

「それはちょっと困る。陛下にも奏上してお考え願わなければならないので、辞表の捧《ほう》呈《てい》はあすの朝にしてもらえないだろうか」

小磯首相が承諾して帰っていったあと、木戸内大臣はただちに陛下のもとへ行き、小磯内閣の総辞職を言上した。

翌五日の午前十時半すぎ、小磯首相は全閣僚の辞表をまとめ陛下に捧呈した。木戸内大臣の動きがあわただしくなった。梅津参謀総長、米内海相、杉山陸相、及川《おいかわ》［古《こ》志《し》郎《ろう》］軍令部総長の四人を一人ずつ内大臣室へ招き入れ、政変後の政局をどうするかについて、それぞれの意見をきいた。木戸日記によると梅津総長は、こういったということである。

「戦争の見通しはあまりよくない。沖縄では苦戦をしいられている。いまはあくまで戦うという態勢で進まなければいけないので、国民の士気を高揚するような内閣を組織してもらいたい。第一次大戦のさい、各国が採用した戦時内閣、つまり、少数精鋭内閣制にするのも一案だと思っている」

つづく米内海相はことば短かにこう答えた。

「強力内閣をつくるといっても、特別な方法があるわけではない。わたしとしては後継内閣の首班には鈴木貫太郎大将がもっともふさわしいと考えている。海相の後任には、井上成美《いのうえしげよし》中将を推すつもりでいたが、どうしても受けてくれないので長谷川清《はせがわきよし》大将にしたいと思っている」

杉山陸相は、やはり陸軍の出身だけあって、梅津参謀総長を首相にかつぎ出したいと念じ、つぎのように答えた。

「戦局はすこぶる困難な状態になってきた。物資は不足しているし輸送力も落ちてきている。ヨーロッパの戦線は最後のときを迎え、ドイツは連合軍のまえに降伏を余儀なくされるだろう。ドイツが敗けたら、ソ連はそのときに和平を提唱するのではあるまいか。このような情勢からみて、陸軍から後継首班を選ぶとすれば、梅津参謀総長をおいてほかに適当な人がみつからないのではあるまいか」

及川軍令部総長の意見は、少しちがっていた。

「日本とアメリカが対等に戦っていたのは、だいたい、マリアナの線までだった。その後の戦局は大きな転換をみせ、いまでは、もっぱらゲリラ戦になっている。したがって沖縄で一度は敵を追っぱらうことができてもそれで戦争が終わるわけではない。敵はふたたび沖縄上陸をはかるにちがいないし、最悪の場合には、ほかの方面へ兵力をさし向けること必至である。海軍では戦力を維持するため、余った兵員を各地の工場に入れ、航空機の月産を千二百、潜水艦のそれを二十隻は確保したいと決意している。いま、いちばん心配されるのは国内態勢の崩壊ではあるまいか。その意味で、戦争もやる、政治もやるという大本営内閣を組織するのはむつかしい。わたしとしては、いままでのかたちの内閣でよいと思っている」

木戸内大臣は、軍の首脳部の意見や希望をきいたのち、午後三時二十分ごろから、岡《おか》田啓介《けいすけ》元首相と会談した。木戸内大臣の胸中には、だいたい、鈴木貫太郎大将を後継首班に推す腹づもりができあがっていた。午後五時、皇居の拝謁の間で重臣会議が開かれた。木戸内大臣のほか出席者は元首相ばかりで近衛文麿《このえふみまろ》、平沼騏一郎、鈴木貫太郎、広田弘毅、岡田啓介および東条英機《とうじょうひでき》の六人が出た。一時間ほど遅れて若槻礼次郎《わかつきれいじろう》が加わった。

鈴木貫太郎固辞して受けず

木戸内大臣は、まず、政変になった経過を報告したのち、小磯首相の辞表を読みあげ、回覧に付した。つづいて重臣たちの意見をきいた。『木戸日記』を読むと、つぎのような記述が出ている。口火を切ったのは東条英機前首相である。

東条　小磯首相の辞表には、国務、統帥のどちらも是正しなければいけないと書いてあるが、具体的にはどういう意味なのか。

木戸　小磯首相からは別段の説明はなかった。

東条　戦時中、しばしば内閣を更迭するのはよろしくない。四月二十五日のサンフランシスコ会議が重大な時期と思う。こんどの内閣は、最後の戦時内閣でなければならない。ところで、いま国内には最後まで戦い抜いて国の将来を開くべしとする説と、無条件降伏をも甘受して、早急に和平を作り出すべしとする論がある。まずこの問題を先に決める必要があると思う。

岡田　こんどできる内閣はいろいろなことを考えなければならない。最後まで国の運命を背負う内閣であり、国の総力を結集する内閣である。和戦というような問題はもう少し先に行かなければわからない。

平沼　戦局の切迫している今日、国内には種々の議論がある。これを帰一させる必要がある。あくまで戦う以外に道はない。問題は簡単である。こんどは突然の政変だったので当惑している。できれば、小磯、米内両大臣の意見もじゅうぶん聞きたかったが、すでに辞表が出ている以上やむを得ない。東条、岡田両閣下の述べられたような点もじゅうぶん話合いたいものである。

岡田　だれだれというまえに総力結集、強力内閣について話合ってはどうか。

平沼　従来は首相がまず決まり、その首相が閣僚を奏請することになっているが、こんどは主な閣僚ぐらいは、あらかじめ決定しておかなければ、強力内閣とはならないと思う。陸海軍関係、治安問題など、いままでの例によって、結論に到達することはむつかしい。

東条　閣僚をわれわれが決めるときは、組閣後の責任を陛下がおとりになるということになりはしないか。

平沼　陛下が直接お命じになってはいけない。

東条　組閣の善悪が陛下に帰するようなやり方は避けたい。

平沼　形からいえばお説のとおりであるが、じぶんは、もう少しわれわれの意見をも徴して決められてはどうかといっているわけだ。

広田　どうしてもこの戦争には勝たなければならない。悲観論もあるが、今回の戦争は、各国ともはじめから勝ち通したものはなく、みな一度は敗けかけて、それを盛り返したのである。だから、つぎの内閣は、いくさに勝ち抜くための内閣でなければならない。内大臣が軍部の首脳者と会見されたのはまことに至当な措置と思うが、いま少し軍部の意向をたしかめる必要はないか。

木戸　相当にたずねたけれども、特殊な意見はなかった。

平沼　露骨にいえば、小磯氏の組閣は失敗だったと思う。もう少しわれわれにも相談されたほうがよかった。改造はみな失敗だった。形式論は東条閣下のいわれるとおりだが、実際はもう少し理屈にとらわれないで、相談があってしかるべきだった。

岡田　世間では、まだわが国には相当な余力がある、この残された国力をなぜ使わないのか、との説がある。軍官民の総力結集のまえに上層部の一致の要が切望されている。いままでのやり方でよいものかどうか、検討の必要がありはしないか。

平沼　この席で決定し内大臣が内奏せられたあとは、われわれは口を出せぬことになる。お勝手におやりなさいでは、どうかと思う。

近衛　ごもっともだが、どういう形でするかが問題である。

平沼　法制上、憲法上の話は別として、重臣としての責任はとらねばならないのだから、もう少し組閣にあたって緊密な連絡があってよかろうと思う。

鈴木　内大臣におたずねしたいが、いったい、お召しになる範囲は必ずしも固定する必要はないと思う。西園寺《さいおんじ》［公望《きんもち》］公らもときに応じ、山本《やまもと》［権兵衛《ごんのひょうえ》］伯や東郷《とうごう》［平八郎《へいはちろう》］元帥の意見などをきかれたように記憶している。このさい、おぼし召しを拝し、牧野《まきの》［伸顕《のぶあき》］伯の意見を徴されてはどうか。

木戸　重臣会議の構成員は、とくとおぼし召しをうかがって決定したものであるから、いまただちに牧野伯の参加を求めることはできない。

広田　上層部の一致は、まことに必要なことで、牧野伯のような人も参加されるのがよろしかろうと思う。つぎに内閣が代わった場合、最高戦争指導会議は存続するものであるかどうか。また、首相が大本営に列するというのは、小磯首相だけにお許しになったことであるか。あるいは、こんご内閣総理大臣はつねに列席し得ることになるのかどうか。

木戸　最高戦争指導会議は、首相が大本営に参列する以上、不必要だとの論もある。これは将来考究しなければならない問題である。第二の点は、くわしいことは知らないが、こんごも内閣総理大臣は参列し得るものと考えている。

東条　首相は帷幄《いあく》の参画者として加わるもので国防、用兵には立ち会わない。

鈴木　牧野伯のことはわかったが、ただ、牧野伯を加えるときは、重臣の範囲が不明瞭になるということはない。牧野伯と同じような資格者は、ほかにはいない。これだけ申し添えておく。

近衛　東条閣下のお説は、統帥部もいないこの場では、いずれとも決められないと思う。ここで、前回のときと同じように、まず、軍人でなければならないのか、軍人とすれば、陸軍か、海軍かなど、範囲をだんだん狭めていったらどうだろう。

若槻　お召しになったご趣旨は、つぎの首班を選定せよということで、東条氏のいわれるようなことを論議するのは、お召しの趣旨に反すると思う。最後まで戦うか、中途で和平するかを議論するのは、問題外である。行きすぎだと思う。

鈴木　若槻氏のお説ではあるが、今日は、どこまでも戦争を戦いぬかなければならない。それが先決だと思う。すなわち、後継内閣の首班は、その意志をもっている者でなければ不適当だと思う。

木戸　内地がいまや戦場になろうとする今日の情勢において、国内の実情は、はなはだ憂うべきものがある。国民は必ずしも政府の施策に熱心な協力をせず、いわゆるソッポを向いているという傾向がある。食糧問題、生産増強問題、治安問題などからみても、こんどは真に国民の信頼する内閣をつくらなければならない。昨今、反軍的傾向が現われていることも、注意しなければならないところだと思う。

近衛　前回のときも国務と統帥とを中心に考え、それには軍人がよかろうと煎じつめていったが、今回も同じようにしたら、どうだろうか。

広田　陸海軍の大臣のいずれかが首班となるのがいいだろう。

平沼　国内には戦争終結について二つの考え方がある。このさいは、戦い抜く人でなければならない。打ち切り和平論者は推すことはできない。総力発揮には、民間の有力者を使わなければいけない。広田氏のご意見は、国務と統帥の関係からみて、現役でなければならぬというのであるか。

広田　現役でなければ困難な事情があるのではなかろうか。もっとも、大本営に参列を許されるのなら、必ずしも現役でなくてもよろしかろう。

平沼　少くとも予備役か後備役でなければなるまい。

鈴木　日清戦争のときは、伊藤博文《いとうひろぶみ》首相が大本営に入っている。だから、必ずしも軍人の必要はない。

平沼　少なくとも予後備の人でなければ、戦争がわからない。そして、戦い抜くということが前提である。

近衛　あくまでも戦いをやりぬく軍人、予後備でもよいということになる。

若槻　勝ちぬくための人であることは問題でない。いま、和平を提議すれば、無条件降伏まで行くことは明らかである。そこで後継首相に対する原則はわかったが、しからばその適用はどうなるか。

平沼　近衛公のご意見はどうなのか。

近衛　いままでの行きがかりのない人がよかろう。

平沼　国民からみて、行きがかりのない人、信頼のおける人であることが肝要である。

若槻　今日は陸海軍のいずれでもよい。岡田さんのご意見はいかがですか。

岡田　わたしは視野が狭い。ここには多方面の方がおられるので、適任者を出すことができるだろう。

若槻　内大臣は、この方針に賛成なのか。
木戸　賛成である。鈴木さんのご意見はどうなのか。
鈴木　重臣たちがひとつ奮発されたらいかがだろう。国に殉ずる覚悟、責任もある。陛下の馬前で討ち死にする覚悟が必要ではあるまいか。首相というのは激職で、からだを使わなければならないので、いちばん年の若い近衛公にご出馬をお願いしたい。
近衛　それでは、さきほどの原則とちがう。
平沼　近衛公は、軍人にして行きがかりのない人を選び出すといったが、まことにごもっともである。このさい、国民の信頼をつなぐ意味で、鈴木大将にお引受けを願いたい。
近衛　同感である。
若槻　そうなれば申し分ない。これより結構なことはない。
鈴木　かねて、岡田閣下にも申したことがあるけれども、軍人が政治に身を乗り出すのは国を滅ぼすものだと考えている。ローマ帝国の滅亡がしかり、カイザーの末路、ロマノフ王朝の滅亡またしかりである。だから、じぶんが政治の世界に出るのは、じぶんの主義や信念のうえからみても困難な事情がある。しかも、わたしは耳も遠くなっているので、おことわりしたい。

平沼　そのことは、原議長〔原嘉道《はらよしみち》枢密院議長〕からうけたまわったことがあるが、今日の場合は、そんなことをいっておられない。第一に行きがかりのない人でなければならない。鈴木氏は海軍の軍人であるが、文官としても最もご親任のある人である。国民も鈴木さんのことを行きがかりのない誠忠無比の人であることを信じている。

東条　鈴木大将のご心境は、まったくりっぱである。しかし、戦争の推移を考えるとき、予断を許さないものがある。敵はあせって、突飛な作戦に出るかもしれない。本土の一角に手をかけるようなことをするかもしれない。そうなれば、国内の防衛が重点となり、内閣は国務と統帥とが一体の姿にならなければいけない。この意味からしてできることなら現役の軍人であってほしい。歴史的に述べられた点はごもっともであるが、日本とヨーロッパとでは事情がちがう。ヨーロッパでは国務のなかに統帥が入っており、わが国のたてまえとはおのずから相違点がある。こうした見地からみて、いまは畑俊六元帥が適当だと信じている。

木戸　広田さんのご意見は。

広田　軍の中心に立つ人が政局も担当するというのがもっとも望ましく、かつ、適当だと思う。だれがよいかは知らないが、陸海軍を統帥し得る人であれば、だれでもよい。

木戸 岡田さんのご意見は。
岡田 わたしはあまり人を知らないので、意見は申しのべにくい。
木戸 じぶんの意見としては、このさい鈴木閣下のご奮起をお願いしたいと考えている。
東条 国内が戦場になろうとしている現在、よほどご注意にならないと、陸軍がソッポを向くおそれがある。陸軍がソッポを向けば、内閣は崩壊するほかはない。
木戸 陸軍がソッポを向くということは、このさい重大なことであるが、なにか、そのきざしなり、予感なりがあるのか。
東条 ないこともない。
木戸 さきほども申したように、今日は反軍的な空気も相当に強い。国民がソッポを向くということにもなりかねない。
岡田 この重大な時局、大困難にあたり、いやしくも大命を拝した者に対してソッポを向くとはなにごとか。国土を防衛するのは、いったい、だれの責任であるか。陸海軍ではないか。
東条 その懸念があるから、ご注意ありたいといったしだいである。
若槻 今日は、そのような懸念があってはたいへんで、日本国民である以上、そんなことは毛頭ないと信じている。

これで重臣会議は終わった。散会したのは午後八時すぎである。参会者のなかには、奥歯にもののはさまったような発言をした人もいる。ことに会議のはじめのほうでは、どこまでも戦争を戦い抜く人を後継首班にかつぎ出したほうがよいとの意見が支配的だったように受取れるが、それは戦争継続論者の東条大将が出席していたからだろうと思う。

卿に組閣を命じるとのおことば

近衛、平沼、若槻、岡田および木戸の五氏は、はじめから鈴木大将を推すことで意見が一致していた。このことは鈴木大将自身の耳にも伝えられていたが、鈴木大将はかたくなにことわりつづけ、そのまま重臣会議にのぞんだ。会議の席で、最初に鈴木大将推薦の口火を切ったのは平沼さんだが、その発言を受けて、近衛、若槻の両氏が賛意を表わした。岡田大将だけは、はっきりした態度を示さなかった。ただひと言「じぶんは人を知らないので意見は申しあげにくい」といって、お茶をにごした。岡田大将は鈴木大将と同じ海軍の出身なので、陸軍の代表者格である東条さんを刺激したくないと考えたものと思われる。木戸内大臣は会議の直前に岡田大将と会っているし、米内大将からも鈴木推薦の賛意をとりつけていた。そこで、木戸内大臣は近衛、平沼、若槻の三氏がそれぞれ鈴木大将擁立の意見をのべたあとで「このさい、鈴木さんの奮起をお願いしたい」と最後の締めくくりをつけたわけである。

重臣会議が終わったあと、みんなは鈴木大将にぜひ受けてくれるようたのんだ。説得すること一時間あまり。鈴木大将は陛下にお目にかかることを承諾した。まだ後継首班を引き受ける決心をしていなかった。鈴木大将は陛下に対して、つぎのように申しあげた。

「わたしは老齢七十九にして、耳も遠く、内閣の首班としては不適当だと思っていますので、どうか、お許しください」

鈴木大将はかつて侍従長として陛下の側近にあって奉仕したことがあり、信任が厚かった。陛下はしずかにいわれた。

「政治に経験がなくてもよろしい。耳がきこえなくてもよいから、ぜひやってくれ」

鈴木大将が組閣の大命を受けたときの光景を侍従長として侍立した藤田《ふじた》尚徳《ひさのり》海軍大将は、手記のなかでつぎのようにのべている。

木戸内大臣が後継首班の候補者として、鈴木貫太郎枢密院議長がよいと天皇陛下に奏上して、鈴木閣下を宮中へお召しになりました。ときはすでに暗く、夜になっていたと思います。陛下は御学問所へおいでになり、小生が一人だけ侍立しておりました。やがて、鈴木閣下がおいでになり、かしこまって陛下の御前へ出ました。陛下はこういわれました。

「卿に組閣を命ずる」

陛下の声は、侍立しているわたしの耳にまで届きました。ここでちょっと註釈を入れますと、一般の組閣の場合には、陛下がつぎのような条件をつけられるのがしきたりになっているのです。

「卿に組閣を命ず。組閣のうえは、憲法の条項をしっかり守り、外交関係においては慎重に考慮し、無理押しをしないようにし、国内の経済に大きな変動が起こるような唐突な財政政策をとらないようにしてほしい」

ところが、この鈴木閣下に対しては、ただ、頼みきるというおぼしめしのように拝見させられました。陛下のおことばをきいた鈴木閣下は、あの丸っこい背なかをいっそう丸くして、深くおじぎをされ、つつしんでお答えしますと前おきして、つぎのように答えられました。

「陛下のおことばは、まことにおそれおおくうけたまわりました。ただ、このことは、なにとぞ拝辞のお許しをお願いいたしたいと存じます。昼間の重臣会議でも、このことはしきりにうけたまわりましたが、鈴木は固辞いたしました。鈴木は一介の武臣です。これまでに政界とはなんらの交渉もなく、また、なんらの政治的な意見も持っておりません。鈴木は、軍人が政治にかかわらないことを明治天皇に教えられ、今日まで自分のモットーにしてまいりました。陛下のおことばにそむくのは、たいへんおそれおおいとは思いますが、なにとぞ、この一事は拝辞のお許しをお願いしたいと願っております」

鈴木閣下は、心の底から血を吐く思いでこのようにお答えになったものと思います。そのすぐあと、陛下はにっこりと笑みを浮かべられ、つぎのようにおおせられました。

「鈴木がそのように考えるだろうということは、わたしも想像しておった。鈴木の心境はよくわかる。しかし、この国家危急の重大な時期にさいして、もうほかに人はいない。たのむから、どうか、気持ちをまげて承知してもらいたい」

鈴木閣下は、深くうなだれてたったひと言「とくと考えさせていただきます」といって陛下のそばから退下された。

ただ一人侍立して、この君臣の、打てば響くような、真の心の触れ合う場面を拝見して陛下と鈴木閣下との応答のおことばを耳にしたわたしは、人間として、最大の感激に打たれた。わたしの一生涯忘れることのできない荘厳なる一幕であった。

岡田啓介組閣本部へ飛ぶ

四月五日の夜、陛下から大命を受けた鈴木貫太郎大将は、内大臣室に木戸幸一を訪ね、午後十一時すぎ小石川丸山町の自宅へ帰った。当時、農商務省の山林局長をつとめていた長男の鈴木一君は、父がまさか大命を拝受するとは思っていなかったが、それでもなにか気にかかるものがあったのか、起きて帰りを待っていた。帰宅した鈴木大将は、玄関口でだれにいうともなく「困ったことになった」とつぶやきながら居間にはいった。鈴木大将は家族を前にして重臣会議のもようから大命拝受までのいきさつを話した。表情は終始沈みがちだった。一君は父親を励ました。

「いったんお受けしたからには、最後のご奉公だと思ってがんばってください」

翌六日、朝早く目をさました一君は、父の貫太郎と朝食をともにしながら、自分の決意を語った。

「こういうことになった以上、わたしは農商務省の局長をやめて、お父さんの秘書官として助けようと思っています」

鈴木大将の顔にやっと安らぎの笑いがもれた。

「そうか、そうしてくれるか」

ことばは短かったが、そこは父と子である。これ以上のことばは不必要だった。各省の局長は勅任官だが、大臣の秘書官は奏任官である。役人として局長から秘書官になるのは、官等の格下げになるわけだが、そんなことは問題ではない。貫太郎、一の父子はともに力を合わせて難局を切り抜けようと決心したわけである。

自宅で一夜を明かした鈴木大将は、なにはさておいても閣員の選考を急がねばならなかった。じぶんの出身母体である海軍や、陸軍の一部には心を許した友がいるけれども政界とのつながりはない。そこで頭に浮かべたのが重臣たちの入閣である。岡田啓介はその著『岡田啓介回顧録』のなかでつぎのようにのべている。

鈴木はどういうふうにして組閣をするのか事務的なことはあまり知らないようだった。いきなり、六日の未明にわたしに電話をかけてきて、軍需大臣になってもらいたいというんだ。わたしを軍需大臣にしようなどと考えるようでは、これはどうにもならん。どんな内閣をつくるかわからんぞと心配になってきて、すぐ組閣本部へ行ってみた。行ってみると、電話のかけ方にもなれていない者しか周囲におらん状態だから、迫水久常《さこみずひさつね》を呼びよせて手伝わせた。迫水を書記官長にしようというのは、わたしの考えだった。平沼は平沼でこんどの内閣にはおたがいに側近者を出さんようにしようではないかと暗に迫水のことをわたしに思いとどまらせようとする。わたしは、それは鈴木がきめたことでじぶんは知らないといっておいたが、米内も迫水には反対のようだった。陸相になった阿南が交渉を受けると、まっ先に、書記官長にはだれがなるんだときき、鈴木が迫水だと答えたところ、いいだろう、もしそれ以外の人が話に出てきた場合は、あらかじめ陸軍の同意を得てほしいといったそうで、これで迫水にきまってしまった……。

わたしが内閣書記官長に就任するときのいきさつは、このようなものだった。反対の声は近衛文麿公にもあったらしい。高木《たかぎ》惣吉《そうきち》さんは「終戦覚書」のなかにつぎのように記している。

六日夕刻、華族会館で近衛は、鈴木さんも翰長（内閣書記官長のこと）に迫水、計画局長官に秋永月三をすえる考えですが、また革新官僚を跋扈《ばっこ》（のさばること）させるのはどんなものでしょうか。新内閣の前途も見通しが暗いですね、と暗然たる表情であった。

四月六日の朝、わたしは岡田啓介大将からの電話で、小石川丸山町の鈴木邸へきてくれといわれた。当時、わたしは大蔵省の銀行保険局長をつとめていた。

その日、わたしはいつものとおり、大蔵省へ出かけ、じぶんの部屋にいた。午前十時ころ、卓上の電話のベルが鳴った。声の主はわたしの妻の父である元首相の海軍大将岡田啓介である。岡田大将の声は、つぎのように伝えてきた。

「わたしはいま鈴木大将の組閣本部にきているのだが、内閣組織の手伝いができる者が周囲には一人もいない。ついては、すぐここへきて、手伝ってほしい」

わたしは内心ためらいの気持ちを抱いたが、岡田大将の声はだいぶ高ぶっており、いかにも困っているような響きをもっていたので、つぎのような返事をした。

「わかりました。しかし、わたしは大蔵省の局長ですので、これから大臣のところへ行って話をし、正式な了解をとってこなければなりません。組閣のお手伝いをするかどうかは、それからの話です」

追っかぶせるようにして、岡田大将の声が電話機のなかからきこえてくる。

「たのむよ。鈴木大将はわたしのむかしからの親友で、りっぱな武人だ。このさい、君は自分自身のことを考えるな。国家のためだからよろしくたのむ」

岳父の岡田啓介大将は、かつて、二・二六事件のとき、生死をともにした仲なので、わたしの胸底には、むげにことわることができない感情が揺れ動いていた。わたしは、早速、大臣室へ行き、津島寿一《つしまじゅいち》蔵相に会い、電話の件を話し、許しを乞うた。蔵相はこころよく許してくれた。

阿南入閣に対する陸軍の三条件

鈴木邸へ行くと、総理は岡田大将と対座していた。総理の小さな机の上には、閣僚名簿と記した一枚の紙がおいてあるが、それには内閣総理大臣、外務大臣といったふうに官名が書いてあるだけで、具体的に名前が書きこんであったのは、内閣総理大臣の欄に鈴木貫太郎、しんがりの内閣書記官長というところに迫水久常とわたしの名前が書いてあるだけで、あとは全部空欄になっていた。鈴木総理の側近には、のちに首相秘書官に起用された長男の一君と甥の鈴木武君の二人がいるだけである。実のところ組閣本部をどこにするかもきまっていなかった。大命を受けるまでの鈴木大将は枢密院議長を務めていたが、まさか枢密院を組閣本部に使うわけにはいかない。わたしは鈴木武君と相談して、空襲下でも安心して組閣工作が進められる場所をさがすことにし東条内閣の終わりごろから重臣会議の会場としてしばしば使われてきた日比谷の第一生命相互ビルに白羽の矢を立てた。日比谷なら交通も便利であると踏んだ。三階の役員室を使うことにし、約束をとりつけてきた。さっそく、総理に連絡したところ、言下にことわられた。

「そんなことをする必要はない。こんどの組閣はどうしてもこの鈴木家でやりたい」

鈴木総理は頑固者である。同時に地味な性格の持ち主なので、わたしたちは本人のいい分を受け入れることにし、第一生命相互には理由を説明してことわった。

組閣の第一歩は、鈴木総理の陸軍省訪問からはじまった。早朝、鈴木家の組閣本部を訪ねた岡田大将は、まず、陸軍の処遇についてアドバイスした。重臣会議で東条大将が陸軍にソッポを向かれたら組閣はできなくなるといったのを思い出したからである。そこで、まず、礼を尽くして陸軍の協力を求めることになった。

市ヶ谷の陸軍省へは、鈴木総理の長男である一君が同行した。杉山元帥は恐縮しながらもたいへんよろこんだ。鈴木総理が老軀《ろうく》を引っさげて最初に陸軍へ渡りをつけたことで気をよくした。鈴木総理は杉山元帥に対して、阿南惟幾大将を入閣させてほしいと希望をのべた。杉山元帥と阿南大将とは仲がよかった。阿南大将とは仲がよかった。小磯内閣の末期、杉山元帥が第一総軍司令官として転出する話があったとき彼は後任に阿南大将を推していた。鈴木総理は侍従武官時代から阿南大将の人柄をよく知っていたので、どうしても入閣させたいと考えた第一候補である。申し出を受けた杉山元帥は、すぐ陸軍三長官会議を開いて結論を出すので、そのまま待っていてほしいといい残し別室へ消えた。杉山元帥はただちに梅津美治郎参謀総長と土肥原《どいはら》賢二《けんじ》教育総監を招いて協議をはじめた。そこでどんな話合いがなされたかはわからないが、大臣室へもどってきた杉山元帥は、鈴木総理に対してこういった。

「三長官の意見は一致しました。阿南を入閣させることには異論がありません。ただ、陸軍としては、阿南入閣の条件として、三つの条件をつけることにしましたので、それを受け入れてくだされば、承諾いたします」

陸軍の主張する条件というのは、つぎの三か条であった。

一、あくまで戦争を完遂すること。

二、陸海軍を一体化すること。

三、本土決戦必勝のため、陸軍の企図する諸政策を具体的に躊躇なく実行すること。

第一の条件は、当時、国内には戦争をきらう気分が相当に高まり、各界上層部では和平論がとなえられていたので、これを知った陸軍が、もし、新しい内閣がその方向へ引きずられるのをおそれたためである。

第二の条件は、海軍がすでに海上での実力を失い、とうていアメリカ海軍と対等の戦争をすることができない状態にあったので、いっそのこと、陸軍と統合して作戦を一本化させようとの狙いから出たものである。ところが六十年の歴史と伝統をもっている海軍は、陸軍の吸収合併策には強く抵抗してきた。この陸海の紛争を新内閣のもとで解決させようとの意図がふくめられている。第三の条件は説明する必要がなく、文字どおりの意味である。条件を示された鈴木総理は、いとも簡単に答えた。

「よくわかりました。貴意に添うよう極力努力いたしましょう」

この条件は陸軍の軍務局がつくったものらしいが、鈴木総理があっさり呑んでしまったので、当の陸軍のほうがかえっておどろいたようである。鈴木総理は、内閣が発足するにさいして、陸軍が出バナをくじこうとしたのではないかと受け取ったが、ここで、検討してみようなどと答えたら、どうなるかわからないと思ったらしい。拍子抜けのした陸軍は、これ以上ことばを添える必要がなくなり、組閣本部へ帰る鈴木総理に対して、しっかりやってもらいたいと激励するだけだった。鈴木総理は、その足で陸軍航空総監部に阿南大将を訪ね、杉山元帥との会談の結果を告げ、入閣を要請した。阿南大将がこころよく承諾したのはもちろんのことである。阿南大将を獲得したことで、もっとも難関とされていた陸軍との折衝がうまく運び、鈴木総理は明るい顔で、自邸の組閣本部へ帰ってきた。

海相留任を強引に決める

陸相がきまったら、つぎは海相である。鈴木総理の胸中には、最初から米内大将を留任させる構想が定着していた。前首相の小磯国昭大将に相談してみると、異論はない。米内大将は東条内閣が崩壊したあと、小磯首相とともに大命を受けたといういきさつがあるので、鈴木総理としてはその共同責任者である小磯前首相の意見を求めたわけである。米内大将は案に相違してなかなか承諾しなかった。米内大将の答はつぎのようなものであった。

「わたしは前内閣が発足するとき、小磯大将とともに大命を拝受した身である。その小磯内閣が総辞職した現在、責任の一半はわたしにもある。他の大臣の留任はいたし方ないとしてもわたしは小磯とともに下野するのがよいと考えている。わたしはまず第一候補として井上成美中将、もし、井上中将が受けない場合には長谷川清大将を推したいという腹づもりを持っている。それにわたし自身、ちかごろ健康もすぐれないので、こんどは閣外に去らせてもらいたい。しかし、閣外にあっても協力だけは惜しまないつもりでいる」

鈴木総理は米内大将の言を受けて、いちおう、井上中将、長谷川大将の意見もきいてみたが、二人とも米内大将の留任がもっともよいといって受ける気配がない。鈴木総理としては、はじめから米内大将以外の海相は考えていなかったので、強引に留任をきめてしまった。陸海軍の閣僚選考を終わった鈴木総理は、つぎつぎに重臣を訪ね、かれらの意向を打診した。鈴木総理は重臣会議のさい、いまこそ重臣たちが奮い起って国の危急を救うべきだと主張し、事実、重臣たちを入閣させて挙国一致内閣を組織したいと念じていたので、まず近衛元首相の自邸へ行った。ついで若槻、広田、平沼の元首相たちをそれぞれの自邸に訪ねたが、その人たちの入閣はついに実現しなかった。残る重臣は二人。そのなかの一人、米内大将だけは留任させることに成功したが、岡田啓介元首相は電話で軍需相への就任を懇請して組閣本部へきてもらったので、全重臣の意見をきいたことになる。重臣の入閣は、米内海相以外には実現しなかったが、かれらを歴訪したのはムダではなかった。小磯内閣が発足するとき、小磯首相は重臣たちの意見をきかなかったので、平沼元首相などはずいぶん怒っていた。この意味からすれば、鈴木総理の重臣歴訪は、組閣にさいして有形無形の大きなプラスを得たことになる。

鈴木内閣の発足にあたって一つの問題が存在した。閣僚の数をどうするかということである。陸軍の首脳部は、戦時内閣なので、少数精鋭に徹するほうがよいと力説したが、鈴木総理はかれらの意見を必ずしも採用しなかった。組閣の第一の眼目を適材適所主義においた。政党からの入閣は、旧政友会系から一人、民政党系から一人ずつに限定し、その人選は大日本政治会の総裁南《みなみ》次郎《じろう》大将にたのみ、下選考をしてもらうことにした。そのほかはなにもきまっていなかった。鈴木総理はわたしに対してこういった。

「大命を拝受したけれども、もともとわたしは軍人の出なので、あまり人を知らない。実のところ困っている。それでもわたし自身、何人かの人にはぜひ入閣してもらいたいと思っている。たとえば、外相に広田弘毅とか、蔵相に勝田主計《しょうだかずえ》とか、国務大臣で情報局総裁には下村宏《しもむらひろし》といった人たちを考えている。このほかでは法制局長官に村瀬直養《むらせなおかい》、警視総監に町村金五《まちむらきんご》などの人びとをぜひたのみたいと思っている。あとのポストはまるきり白紙なので、もし、思いつく人があれば、一つのポストに二、三人ずつ候補者をあげてくれないか」

そんなことをいいながら、鈴木総理は一枚の紙切れをわたしに手渡した。人の名前が五人ほど書いてあった。

「実は、木戸内大臣が参考のためにといって書いてくれたものだが、必ずしもこれにこだわる必要はない」

小磯内閣の書記官長をつとめた広瀬久忠《ひろせひさただ》さんの名前もあった。わたしは命ぜられたとおり、一つの閣僚のポストについて、二人ないしは三人くらいずつの候補者をあげ、それぞれの人物について説明した。総理はだまってきいていた。

組閣本部の動きが活発になってきた。まず蔵相の選考だが、総理の構想どおり勝田主計に白羽の矢を立て疎開先の埼玉県下へ使者を走らせた。勝田は寺内《てらうち》［正毅《まさたけ》］内閣で蔵相をつとめたベテランで鈴木総理とは肝胆相照らす仲だった。まもなく勝田は組閣本部へ姿を現わしたが、受ける気配はなかった。年をとりすぎて、からだが動かないというのが主な理由だった。勝田は最後にこういった。

「どうしても適当な人がみつからないときには、わたしの娘ムコである広瀬豊作《ひろせとよさく》を起用されたらいかがでしょう。広瀬は長い間大蔵省につとめ、財政問題にはことのほかくわしいので、適材だと思っています。もし、広瀬が入閣したら、わたしは閣外からいろいろアドバイスして協力するつもりです」

鈴木総理は、広瀬豊作に直接会ったことはないが、親友の勝田が推薦してくれるのだから、問題はないとみて、広瀬の入閣をきめた。

東京駅でつかまえた豊田貞次郎

つぎは農商務相である。鈴木総理は石黒忠篤の父忠悳《ただのり》さんと懇意で、前から家族ぐるみのつきあいをしていた。鈴木総理が大命を拝したとき、忠篤さんは、ひょっとしたら入閣の交渉を受けるのではないかと思っていたらしい。七日の朝、鈴木総理がさし向けた自動車が石黒邸へ行くとすぐ組閣本部へやってきた。石黒さんが農商務相を引き受けたのはもちろんのことだが、そのときのことを石黒さんは『農政落葉籠』という著書のなかにこう書きつけている。

私は予期しておったことでもあり、鈴木大将が耳の遠いことを知っていたので、申し述べるべき事項を一つ書きにしたものを示して「私の考えをしたためてまいりましたから、ご覧願います」とおみせした。

一、ことしの食糧事情はまことにたいへんで、減配はもちろんのこと、飢餓もまぬがれがたい大勢にあると認められること。
二、かくて、それは戦争そのものにもまして最大の問題となり、まもなく、この見地から戦争について根本的に考えなければいけないときがくること。
三、この食糧難解決はだれにもできないと思われること。自分にはとうてい成算がたたないことである。
四、こうなった以上、たよるところは、結局、旧国土だけとなるが、農作には厳格な季節の支配があるゆえ、打つべき手は即刻あたう限り尽くさなければならないこと。自分はその担当を使命と感じ、あす出発して九州を回ってくることにしている。
大将はそれに目を通して「よくわかりました。しかし、わたしにだって成算はない。それなのにこの老人が起たなければならなくなったのだから、あなたも起ってわたしを助けてください。ご意見の条々はまったく同感です。拝見して、ぜひやっていただかねばならぬといっそう強く思いました。一刻も早く陛下にご安心願わなければならないので、ここでぜひお引き受けください」と即答を迫られました。

国務大臣情報局総裁を引き受けた下村宏は、当時日本放送協会の会長をつとめていたが、入閣のときの思い出をその著『終戦記』のなかにこう書き記している。

四月七日、鈴木枢相（枢密院議長のこと）よりじきじきの電話にて「ご足労ながらお越しを願いたい」ということであった。鈴木邸へ出かけてみると、わたしに国務大臣情報局総裁をということである。わたしは即答をさし控え、放送会館へ引き返し、二、三の親友に意見を求めた。だれしも受諾しかるべし、いのちをささげて奉公すべしというのであった。たまたま鈴木邸から電話で「下村さんは返事を保留して帰られたが、ぜひ受けてほしい。下村さんは他からの推挙によるものではない。鈴木総理自身の持っておられた手駒である。総理の意を受けてお伝えする。ぜひ受諾してほしい」との鈴木側近者の言である。もう、是非を論ずる要をみなくなった。

軍需大臣は、まえにも書いたとおり、岡田啓介大将をくどきおとそうとしたが、問題にされなかった。岡田啓介は賀屋興宣《かやおきのり》を推した。そこで賀屋に組閣本部まできてもらった。賀屋はことわったが、豊田貞次郎がいいといって推薦した。豊田は海軍大将であり、鈴木総理もよく知っている人物である。近衛内閣の末期には外相をつとめたこともあり、世界の情勢にも明るい。しかも当時は日本製鉄社長の地位にあって軍需産業のこともよく心得ていた。岡田、賀屋の両氏にことわられたので、総理は豊田を最後の切り札と読んだのか、すぐ、日本製鉄に連絡をとり、組閣本部へきてくれるようにたのんだ。ところが、豊田は旅行のため、いま東京駅へ向かったばかりだという返事である。組閣本部は大あわて。首相秘書官にきまっていた武君を大急ぎで東京駅へ走らせ、豊田をつかまえることにした。武君が東京駅へ着いてみたら豊田はすでに列車に乗りこんでいた。そこで鈴木総理の意向を伝え、ともかく組閣本部へつれてくることに成功した。豊田は米内や阿南とも相談してみるといって、いったんは帰っていったが、まもなく受諾するとの返事をしてきた。内務大臣は、そのころの国内治安維持の見地からみて、鈴木内閣では重要な閣僚ポストの一つとみられていた。最初は陸軍畑からとるつもりで、まず、陸軍次官をつとめていた柴山兼四郎《しばやまけんしろう》にあたってみた。柴山自身は受けてもよいという気持だったが陸軍部内から反対の声が出てことわってきた。そこで、柴山内相が実現したときの内務次官に起用しようとしていた安倍源基《あべげんき》をいっきょに引き上げることにした。安倍は木戸内大臣が推した五人のなかの一人でもあった。

大日本政治会からの入閣者については、南次郎総裁とあれこれ相談した結果、旧政友会系からは岡田忠彦《おかだただひこ》、旧民政党系からは桜井兵五郎《さくらいひょうごろう》の二人を起用することにした。このうち、桜井については問題はなかったが、岡田の場合には、大日本政治会側で難色を示した。鈴木総理は組閣本部の希望もあるので、認めてもらいたいといった。つまるところ、岡田忠彦は厚生大臣、桜井兵五郎は無任所の国務大臣にそれぞれきまった。

平沼騏一郎一派から一人の閣僚をとりたいと考えて、かねて硬骨の士として高名だった太田《おおた》耕造《こうぞう》に文部大臣のポストを担当させることにした。

運輸大臣は、はじめから満鉄総裁の小日《こひ》山直登《やまなおと》一本やりで話を進めていた。電話で承諾を求めるほかに手はなかったが、こころよく引き受けてくれた。法務大臣には松阪《まつざか》広《ひろ》政《まさ》の留任がきまった。

東郷茂徳ついに外相を引き受ける

残る閣僚のポストは、外務大臣と二人の国務大臣だけである。このなかの国務大臣二人の役目は、閣内の潤滑油的な存在なので、時局柄、陸海軍から仲よく一人ずつ採用しようということになった。海軍からは鈴木総理の考えもあって、左近司《さこんじ》政三《せいぞう》中将がすんなりきまったが、陸軍のほうは部内の情勢が複雑をきわめていたので、新任の阿南陸相に人選を一任しようということにした。思っていたとおり、陸軍から出てくる国務大臣はなかなかきまらない。組閣後、何日かたって、阿南陸相はじぶんの陸軍士官学校時代の同期生であり、二・二六事件のとき東京警備参謀長をつとめた安井《やすい》藤治《とうじ》中将を推薦してきたので、そのまま国務大臣に起用した。この間のいきさつについて、左近司政三中将は、あとでつぎのように語っている。

岡田大将から話があって、鈴木総理の組閣の構想やその状況をみてくれないかとのことだった。岡田大将は、鈴木総理のやり方をみていると、どうもこころもとないので、力を貸してやってくれともいわれるので、さっそく鈴木邸へ行ってみた。岡田大将が心配していたようにわたしのみた限りでは、どうも地についた組閣が進行していないような感じである。その旨を岡田大将に報告すると〝おそらくそういうことだろうと思っていた。よしおれが行ってくる〟といって、みずから組閣本部へ出かけられた。岡田大将と会った鈴木総理は〝陸軍から南次郎大将、海軍から岡田啓介大将に出てもらって、この二人を両翼にして組閣を進めたい〟といった。岡田さんはおどろいて〝とんでもないことだ。それはいかん。時局はますます重大さを加えているので、もっと若い者を使う必要がある。海軍側からは、その人柄なり、政治的な感覚から推して、貴族院にいる左近司政三、衆議院にいる八角三郎《やすみさぶろう》、議席はもたないが、人物のたしかな荒城二郎《あらきじろう》、この三人のなかから、君のめがねにかなった人物をとるがよい〟とすすめられたらしい。その結果、わたしに入閣してくれということになった。以前に商工大臣をつとめた経験から、わたしが行政官はおことわりしますといったら、鈴木総理は〝そんなことはさせない。国務大臣としておれのそばにいてくれればいいんだ〟というたってのお話だったので、無任所大臣として入閣することになった。それで、わたしは陸海軍の間を奔走して、鈴木総理のヨリがもどらないようにネジ巻きの役である。海軍のほうは米内がいるので、万事うまく話せるが、陸軍は阿南君だけでは調節がうまくいかない。幸い、阿南君の推薦した安井藤治君がわたしと同じ立場の国務大臣になったので、同君とはハラを割って話ができる。陸海軍大臣がそれぞれの背景をもって話をするのとちがって、気軽になんでも相談ができたのは、たいへんありがたかった。

外務大臣の選考にはずいぶん骨が折れた。鈴木総理は、この内閣で外交の一大転換をはかる必要があると胸中ひそかに感じるものがあったので第一候補として広田弘毅元首相を考えていた。ところが、広田元首相は受けようとしない。そのかわり、東郷茂徳元外相を強く推してきた。わたしの郷里の先輩である東郷元外相もなかなか決心がつかなかったらしく、その親任式は、組閣が終わってから二日のちの九日に行なわれたほどである。東郷元外相は、その著『時代の一面』のなかに当時の心境や行動について、つぎのように書き記している。

じぶんは軽井沢に疎開していたが、四月七日の午後、長野県知事から電話で、組閣中の鈴木大将から至急上京するよう伝えてくれとのことであったとの通報があり、即時上京した。鈴木大将は親任式を終えて、首相官邸にいるとのことであったから、その夜十時半すぎから会談した。同大将とは以前からの知り合いであるが、懇意の間柄というのではなかった。そして、東条内閣の外務大臣時代にも単独の会見をしたことはないが、枢密院ではたびたび面談したのであって、じぶんが辞任の直接の原因となった大東亜省設立問題が枢密院に上程せられたさいは、じぶんの主張に同意し、一時は東条総理の主張に反対したことは、当時、本人以外からきいて承知していた。鈴木総理は、じぶんは武弁であって、政治には不向きであるが、事態いたし方なく、老軀をひっさげて首班を拝したわけであり、ことに外交については、全然経験なきしだいであるから、ぜひ外相として入閣してもらいたいとのことであった。じぶんはこれに対し、戦局緊迫せる今日、台閣に立ちてこれを処理するのは容易のことではないので、よほどのご決心と察することをのべたるうえ、じぶんとしては本戦争の発生を防止するため苦心を重ねてきたわけだから、できるだけすみやかにこれが終結をはかることにはよろこんで尽力したいが、戦争の終結も指導も戦争の推移から割り出して考察する必要があると思うから、諾否を決する前にこんごの戦局の見通しについて、総理の意見をうけたまわりたいとのべた。

しかるに総理は「戦争は、なお二、三年はつづき得るものと思う」とのことであったのでじぶんは近代戦における勝敗は、物資の消耗、すなわち生産の増否にかかわるところが大きく、この点からみても、もはや戦争の継続は困難で、こんご一年もつづけることは不可能と確信するとのべ、この点の見通しに総理との間に意見一致せざるにおいては、外交の重任を引き受くるも、こんごの一致協力ははなはだ困難であるので、せっかくの申し出もおことわりするほかないとのべた。さらに双方で押し問答したが、だんだん夜ふけとなり、かつ、総理の疲労もみえたので、さらに再考を望むむねをのべて別れた。

翌八日、かねてから戦争の収拾についてしばしば会談し、かつ、今回の組閣にも相当関係があると思った岡田大将を訪問し、昨夜の鈴木総理との会談の内容についてくわしく語ったが、岡田大将は、鈴木総理の戦局の見通しについては、必ずしも確定しているとは考えられないから、入閣のうえ、この点を啓発したらいいし、また、あなたが入閣しないとなると、鈴木内閣は非常に困難におちいることになるから、ぜひ、入閣してほしいと切望せられた。よって、じぶんは戦争の見通しについては、あなたもはなはだしく悲観しておられるのであるから、あなたからも鈴木総理に説いてほしいとのべた。帰路、外務省の先輩たる松平《まつだいら》［康昌《やすまさ》］内大臣秘書官長および広田元首相をも訪問したが、両氏ともぜひ入閣して、難局を収拾してもらいたいと懇切な勧告があった。同日午後、迫水書記官長が来訪、前夜の鈴木総理との問答について、現況下に総理が戦争を急速に終結するといっては、反作用も生ずるおそれがあるから、その言明を求むることは無理であるが、総理の胸中を推測して、ぜひ就任を願うとのことであったが、総理がじぶんと同意見ならば、じぶんとだけの内話だから、これを口に出すことができないはずはなく、また、このように水くさいならこの難局に協力するのはむつかしいと思ったのでこのときも承諾の意を表わさなかった。

しかるに翌日、知友の松平内大臣秘書官長が来訪して、しきりに入閣を勧説した。鈴木総理の戦争に関する見通しは、必ずしも確定しているとは思えないから、入閣して、この点を啓発してほしい、天皇陛下も終戦をご考慮あそばしておられるように拝察されるからあまり心配されなくてもいいではないかと思うといったが、午後さらに同氏から右の話を木戸内大臣に報告したところ、内大臣はぜひ外相を引き受けてもらえとのことであるとの電話であった。なお、また迫水書記官長がきて、とにかく、いま、いちおう総理に会ってくれとのことであったから、首相官邸におもむいたところ、総理は戦争見通しについてはあなたの考えどおりで結構であるし、外交はおよそあなたのお考えで動かしてほしいとの話であった。よって、じぶんから外務省の人事に関する件なども話して、その同意を得たので、外相就任を受諾したのである。

皇太后涙ながらに首相を励まさる

四月六日の朝からはじまった鈴木内閣の組閣工作は、その間、しばしば空襲によって中断された。空襲警報が出ると、鈴木総理は周囲の人たちにせきたてられて外へ出、となりの千葉三郎《ちばさぶろう》邸の防空壕のなかへ避難した。それでも七日の夕刻には、ほぼ見通しがついたので、満州から到着の遅れた運輸相、まだきまっていない外務および大東亜の各相は、しばらくの間、それぞれ適宜にだれかが兼任することでケリをつけた。こうして、鈴木内閣の親任式は四月七日の午後十時半から皇居のなかで行なわれた。そのとき、きまった閣僚の名前はつぎのとおりである。

内閣総理大臣兼外務大臣兼大東亜大臣	鈴木貫太郎
内務大臣	安倍　源基
大蔵大臣	広瀬　豊作
陸軍大臣	阿南　惟幾
海軍大臣（留任）	米内　光政
司法大臣（留任）	松阪　広政
文部大臣	太田　耕造
厚生大臣	岡田　忠彦
農商務大臣	石黒　忠篤
軍需大臣兼運輸大臣	豊田貞次郎

国務大臣情報局総裁　下村　宏
国務大臣　左近司政三
国務大臣　桜井兵五郎
内閣書記官長　迫水　久常
法制局長官兼綜合計画局長官　村瀬　直養

それから二日のち四月九日、東郷茂徳さんが外務大臣と大東亜大臣を引き受けたので、一人だけの親任式を行なった。さらに二日のちの四月十一日には着任の遅れていた小日山直登さんが満州から上京してきたので、豊田貞次郎さんが兼任していた運輸大臣の職を解き、あらためて小日山さんを就任させるとともに選考の遅れていた陸軍からの国務大臣は安井藤治さんにきまり、二人だけの親任式が行なわれた。また、四月十六日には村瀬直養さんが兼任していた綜合計画局長官に現役の秋永月三陸軍中将を起用し、任命した。

組閣が終わったあと、鈴木総理は大宮御所に貞明《ていめい》皇太后を訪ねた。組閣の報告をすると、皇太后は特に鈴木総理にイスを与えられ、しみじみとした口調でいわれた。

「いま、年の若い陛下が国運興廃の岐路に立って、日夜、苦悩されている。もともと陛下としては、この戦争をはじめるのは本意ではなかった。それが、いまは敗戦につぐ敗戦を以てし、祖宗にうけた日本が累卵の危機にひんしている。鈴木は陛下の大御心をもっともよく知っているはずである。どうか、親がわりになって、陛下の胸中の苦悩を払拭してほしい。また、多数の国民を塗炭《とたん》の苦しみから救ってほしい」

こんな話をされたあと、皇太后は両のほおに涙を流しておられたという。皇太后という立場にあっても政治のことに口出しするのはタブーである。それまでの皇太后は、ひとりで思い、悩んでおられた。そこへ、かつて侍従長として奉仕したことのある鈴木総理が大命を拝受したので、つい、だれにもいわれなかったことばをもらされたにちがいない。このとき、鈴木総理は、こどものことを思う母親の気持ちをつくづく知らされたと語っていた。陛下のためにはもちろんのこと皇太后のためにも一日も早く終戦へこぎつけなければならないと決意したらしい。

この話は、だれも知らなかった。わたし自身も鈴木総理の口からきいたことはない。戦後、千葉県の関宿で悠々自適の生活を送っていた鈴木総理のもとへ左近司政三が訪ねていったとき総理が秘話として声をつまらせ、涙ながらに話をしたものである。

調子の高かった首相談話

組閣が終わると、総理大臣は慣例にしたがって、いわゆる談話を発表しなければならない。草案をつくるのは、内閣書記官長であるわたしの仕事になっていた。わたしは親友の木原通雄《きはらみちお》君に首相談話の草案を書いてくれとたのんだ。名文家の木原君は、むつかしいことばをたくさん入れて書きあげ、わたしのところへもってきた。たいへん調子の高い文章だったので、どうかと思われる二、三か所に筆を入れ鈴木総理の手もとへさし出した。目を通したあと総理はひと言、こういった。

「はい、結構です」

わたしは調子が高すぎはしないかと心配していたので、総理の顔をのぞきこみながら、つづいてたずねた。

「このままでは少し調子が高すぎると思いますが、いかがなものでしょう」

ふたたび総理がいった。

「いや、これで結構です」

その全文はつぎのとおりである。

戦局危急をきわむるの秋《とき》にあたり、揣《はか》らずも内閣組織の大命を拝しまして、深く恐懼《きょうく》にたえませせぬ。幸いにして閣僚の詮衡《せんこう》を終わりただいま親任式を挙行せられました。帝国の自存のためにする今次の戦争は、いまやいかなる楽観も許さぬ重大な情勢に立ちいたりました。ことにあいつぐ崇高《すうこう》なる前線の犠牲、果敢なる銃後の努力にもかかわらず、ついに敵の反攻をして直接本土の一端を占拠せしむるがごとき事態とあいなりましたことは、臣子としてまことに慙愧《ざんき》にたえぬしだいであります。万一形勢かくのごとくにして推移せんか、帝国存立の基礎危うしといわなければなりませぬ。しかもこれが匡救《きょうきゅう》の重責は、一億の同胞赤子をおいて、ほかにこれを求むることはできませぬ。

驕敵《きょうてき》を撃攘《げきじょう》し、祖国を守護すべき抗戦力もまた国民の上御一人《かみごいちにん》に対したてまつる至誠のほかに存すべきはずはありませぬ。いまは国民一億のすべてが既往《きおう》の拘泥《こうでい》を一掃して、ことごとく光輝ある国体防衛の御楯《みたて》たるべきときであります。わたくしはもとより老軀を国民諸君の最前線に埋める覚悟で、国政の処理にあたります。諸君もまたわたくしの屍《しかばね》を踏み越えて起つの勇猛心を以て、新たなる戦力を発揚し、倶《とも》に宸襟《しんきん》を安んじたてまつられることを希求してやみませぬ。

翌四月八日、鈴木総理はラジオを通じ、重ねてその意図を放送した。全文をかかげると、つぎのとおりである。

今般、わたくしが大命を拝して、この重責をけがしたことにつきましては、あるいは国民諸君のなかには、意外とされた方も少くなかったと存じます。真実、わたくしも齢《よわい》八十になんなんとする今日まで、一意ご奉公は申しあげてまいりましたが、いまだかつて、政治方面に関与したことはなかったのであります。この点よりすれば、当然お受けする柄ではないのであります。しかしながら、戦局かくのごとく緊迫した今日、わたくしに大命が降下いたしました以上、わたくしは、わたくしの最後のご奉公と考えますると同時にまずわたくしが一億国民諸君のまっさきに立って、死に花を咲かすならば、国民諸君はわたくしのしかばねを踏みこえて、国運の打開に邁進されることを確信いたしまして、つつしんで拝受したのであります。戦局の帰趨《きすう》については、実に楽観を許さざるものがあり、しかも皇軍将士の勇戦、生産戦士の健闘にもかかわらず、醜敵《しゅうてき》が本土に土足をかけてくるような事態にたちいたりましたことは、臣子としてまことに申しわけのないしだいでありますが、これを挽回するの道は、国民の憤激を結集し、国家の総力を集中して、一億の赤子一丸となって、これにあたるのほかはないのであります。

ひるがえって、古今世界の戦争の歴史をみましても交戦諸国において、大国必ずしも勝たず、小国必ずしも敗れず。しかも小国の大国に勝つ場合は、それがすべてあくまでもがんばって戦い抜いた場合のみであります。わが帝国が世界の大国米英を敵とするこの戦争でありますから、今日のごとき事態は当然起ることであり、あえておどろくにはあたりませせぬ。われわれが必死の覚悟を以て、すなわち捨て身であくまで戦い抜いていくならば必ずやそこに勝利の機会を生みまして、敵を徹底的に打倒し得ることを確信するものであります。戦争の要訣《ようけつ》は、国民があくまで戦い抜くという固い決意のもとに国家の総力を結集するにあります。すなわち、国内においていやしくも諸事対立するものあらば、これを解消し、従来の因縁や行きがかりを捨てて、すべてを戦争遂行の一点に集中しなければなりませぬ。ここにおいて国内戦時態勢のすみやかなる整備をはかりまして、いっさいの国土防衛の諸施策を急速に実行するとともに庶政一新、国民のやむにやまれぬ憂国の熱情を基礎といたしまして、老いも若きも手をとって、直接、戦争のためにはたらくよう、任務遂行の責任を明らかにするとともに、簡素に、強力に、国政を推進してまいりたいと存じます。

以上のような立場から、国民総員、清新にして活発、希望満々のうちに奮って戦い抜けるよう、安んじて困難におもむき得られることを目途として、もろもろの方策を即急に実行いたしまして、もって新局面を展開し、宸襟を安んじたてまつる覚悟であります。わたくしがこの秋《とき》、この危局に老軀をひっさげて起ちますことは、みずからかえりみて悲壮の感がありますが、大いに若返りまして、心身いっさいをささげて臣節を完うしたいと存じます。わたくしは政治はしろうとでいっこうわかりませぬが、いっさいをあげて戦争を勝利に導くよう努力いたそうと存じます。国民諸君には、この意を諒《りよう》とせられ、ご協力あらんことを切にねがうしだいであります。

組閣後の首相談話の内容やラジオ放送の原稿をみた限りでは、鈴木内閣もまた東条、小磯などの内閣と同じように「戦って、戦って、戦い抜け」の戦時内閣とあまり変わらない。鈴木内閣発足後、大多数の国民は、おそらく、そう受けとったにちがいない。「国民よ、わがしかばねを越えて行け」といった激越な調子は、なにを意味していたのか。われわれ鈴木総理の側近にあった者は、すべてを承知していた。

昭和十八年夏のできごと

鈴木総理はかつて連合艦隊司令長官の職にあったとき、遠州灘から四国沖へかけて、はげしい暴風雨に出会ったことがある。すべてに慎重な鈴木総理は、少しも騒がず、無理をしないで、無事乗り切った経験をもっている。そのときは自然の猛威とのたたかいであったが、こんどは陸軍を主体とする戦争継続論者を相手に回し、場合によっては一億総玉砕という人為的な大暴風雨のなかに立たされたわけである。そこで、もし急いで進路の変更を打ち出したら、国内は四分五裂し、同胞同士が殺傷しあうという修羅場が出現するかもしれない。進路変更は、至上命令であるとしても、それにはおのずから時期というものがある。少くとも台風圏を抜け出してからでなければ実行すべきではないと考えていた。このような考えから、わざと「わがしかばねを越えて行け」という表現を用いたわけである。鈴木内閣には、首相をはじめ米内、豊田、左近司と海軍出身の大臣が四人もそろっている。海軍はもともと戦争に反対であった。特に米内海相のごときは小磯内閣の時代から勝算はないと語っていた。いや、それ以前の日独伊三国同盟の締結問題が起こったころから米英を相手にしては勝てないといいつづけてきた。だから陸軍としては、鈴木総理の一挙手、一投足から目を放さなかった。このような情勢だったので、総理としては、陸軍の尖鋭化している神経をいくぶんでもやわらげる必要があると踏み、一見、勇ましい進軍ラッパのような談話を発表したり、ラジオ放送をしたというわけである。われわれ側近としては、この点にとくに気を配りながら、草案づくりに励んでいた。

鈴木大将に大命が降下するまでには、いろいろなことがあった。話は昭和十八年の夏の暑い日からはじまる。

そのころ、わたしは大蔵省の総務局長をつとめていた。緒戦こそ大きな戦果をあげて国民を狂喜させた大東亜戦争だったが、ブーゲンビル島上空の空中戦を境にして、戦局は大きな傾きをみせはじめた。わたしの岳父である岡田啓介海軍大将は、最初から戦争に反対していた。わたしはしばしば岡田邸を訪れ、いろいろな話をきいた。終戦より二年前の夏だったが、岡田大将はいまのうちに戦争を終結させたほうがよいと力説した。

終戦を実現させるためには、開戦に踏み切った東条内閣を退陣させるのが先決問題だともいった。

その日、岡田邸へ集まったのは、海軍軍令部の対米作戦主任で、岡田大将の長男である岡田貞外茂《おかださだとも》中佐、陸軍参謀本部の作戦課で中心的な存在になっていた瀬島龍三《せじまりゅうぞう》中佐、それにわたしの三人である。岡田大将をまじえた四人は、会食をしながら戦争の前途について話合った。岡田大将が思い出したような口調で、わたしにいった。

「おい、久常、君、内大臣の木戸幸一さんに会って、東条内閣はいますぐ退陣すべきだといってこいよ」

わたしは、実のところ、びっくりした。岡田大将はそんな大役をどうしてわたしに命じたのかよくわからない。それでも岳父の命令なので、ことわるわけにもいかない。

「はあ、早い機会に木戸内大臣に会い、話すことにいたします」

わたしが答えると、岡田大将はおっかぶせるようにことばをつづけた。

「こんな重大なことは外へもれるとたいへんなことになる。ほかにたのむ人がいないので、君にお願いするんだ。君なら、木戸内大臣とも面識があるし、適当な使者だと思ってるんだ」

わたしは、まず、有馬頼寧《ありまよりやす》伯を訪ね、木戸内大臣に会う機会をつくってくださいとたのんだ。

「どんな話をするのか、よくわからないが、それなら、木戸内大臣をわたしの家へ呼んで、いっしょに食事でもしよう」

有馬伯はこころよく引き受けてくれた。ほどなく、杉並区荻窪の有馬邸から招待の電話がかかってきた。昼食にこいというのである。わたしは親友の美濃部《みのべ》洋次《ようじ》君（軍需省勤務）を伴うことを承認してもらい、有馬伯と木戸内大臣、それに私と美濃部君の四人が会食することになった。食事をしながら、わたしは思い切って岡田大将の意向を伝えた。

「岡田も申しているのですが、いまの東条内閣がつづいている限り、戦争はこのままの状態でつづくとしか考えられませんから、そろそろ交代したほうがいいんじゃないでしょうか」

木戸内大臣は別段おどろいたようなふうもなかった。わたしの質問に対して、こんな返事をした。

「ちかごろ、ときどきそんな声をきくが、東条総理自身も一生懸命やっていることだし、いまのところ、これといった大きな失敗もしていないので、唐突にやめてもらいたいというわけにはいかないだろう」

木戸内大臣は、つぎのようなこともつけ加えた。

「しかしながら、世論がそんな方向へ傾いてくれば、わたしとしても考えないわけにはいかないだろう」

木戸内大臣は、世論という言葉を使ったが、当時の情勢から推して、それはたいへんむつかしいことである。わたしは食い下がった。

「内大臣は、世論がそうなればといわれますが、いま、日本国内の情勢を見渡しますと、新聞やラジオ、雑誌などの言論は統制されているので、公然と東条内閣を批判することは不可能だと思います。言論だけではありません。議会もすっかり去勢されたかたちになっており、いまでは単なる政府への協力機関にしかすぎません。ですから、議会の論議のなかで内閣の批判はできないような仕組みになっているんです。とても世論などというものを喚起することはできません」

木戸内大臣はわたしのぶしつけな質問にじっと耳を傾けていたが、ややあってつぎのような重大発言をした。

「迫水君、君は新聞、雑誌、ラジオなどの言論機関でなければ世論を形成できないと考えているかもしれないが、世論のあるところを発見するのはそれだけじゃないだろう。たとえば、重臣たちの意見が一致して、東条内閣は退陣すべしというようなことにでもなれば、それもりっぱな世論といえるんじゃないだろうか」

わたしははっとして内大臣を見つめた。わたしはこの木戸内大臣とのやりとりをすぐ岡田大将に報告した。岡田大将は別にこれといった意見はのべなかったが、何日かたって、こんなことをいった。

「重臣たちはこれまで東条総理に招かれて集まり、いろいろ報告を受けてきたが、こんどはひとつ重臣のほうから東条総理を招待して、いろいろな意見をいい合う機会をつくりたいと思っているので、君は場所その他についての設営をしてくれないか」

わたしは、当時の星野直樹《ほしのなおき》内閣書記官長のところへ重臣たちが連名でつくった招待状をもって出かけ、この旨を伝えた。こうして第一回の会合を華族会館で開くところまでこぎつけた。最初東条総理一人だけできてほしいとの申し入れをし、総理自身も承諾したようだったが、いざ当日になってみると、東条総理は賀屋興宣蔵相と企画院総裁鈴木《すずき》貞一《ていいち》陸軍中将の二人をつれてきた。重臣たちから相当突っこんだ意見が出るかもしれないと事前に察知しての措置だったのかもしれない。機先を制せられたかたちの重臣たちは、あまりきつい意見も申しのべられないままに終わった。その後、毎月一回ずつ双方から招待し合うというとりきめが行なわれた。

あわただしくなった重臣連の動き

年が明けて、昭和十九年一月の会合のとき、東条総理は、はじめて一人でやってきた。重臣たちは、このときとばかりにだいぶ突っこんだ意見をのべた。このときのもようは、無言のうちに議会へも伝わり、まもなく開かれた議会では、東条総理の演説に対する拍子がとみに減ったということである。消極的だが、少しずつ世論みたいなものが形成されつつあるとわたしは考えた。

東条総理の陣営でもいちはやくこの間の事情をキャッチしたらしく、議会が終わると、総理から岡田大将に対して会見の申し入れがあった。その席で、東条総理は岡田大将に対して、反政府的な言動をつつしんでもらいたいとクギをさした。総理秘書官赤松《あかまつ》［貞《さだ》雄《お》］大佐の話によると、東条総理の怒りは心頭に発していたらしく、憲兵隊を動かして岡田大将を逮捕するといきまいていたらしい。赤松大佐ら側近は、もしそんな事態になったら、かえって内閣の評判が悪くなるといさめ、思いとどまらせたということだった。

戦局は日に日に悪化の傾向をたどった。岡田大将ら和平派の苦悩は増すばかりである。東条内閣をつぶすためには、まず、海軍大臣の島田《しまだ》繁太郎《しげたろう》大将をやめさせることだと考えた岡田大将は積極的に動きはじめた。その行動力には、若いわたしもおどろくばかりだった。当時、島田大将は海軍大臣と軍令部総長とを兼ねていた。岡田大将はそれをやめさせ、後任の海軍大臣に米内大将、軍令部総長に末次《すえつぐ》［信正《のぶまさ》］大将を送りこもうと考えていたが、米内、末次の両大将はもともと仲がよくなかった。ことごとに反発しあって、対立の状態にあった。岡田大将は第一段として二人を握手させようとこころみた。わたしは岡田大将の意向を受けて、末次大将の一の子分であった石川信吾《いしかわしんご》海軍少将に相談した。石川少将はさらに同志で米内系の矢牧章《やまきあきら》大佐を参加させ、赤坂山王ホテルを根城にしていろいろ画策した結果、石川少将のとりはからいで芝白金にある藤山愛一郎《ふじやまあいいちろう》邸を会場にして、岡田、米内、末次の三大将が会食することになった。とはいっても、憲兵の目が光っている。おおっぴらに行動することは許されないのでその取り運びには非常に苦心した。わたしは山王ホテルでの予備会談をいまでもなつかしく思い出すことができる。

いつのまにか初夏になっていた。藤山邸での海軍三巨頭会談は成功のうちに終わった。こうして島田海相を退陣させる工作は進行し、のちには海軍の先達である伏見宮さまも参加され、島田大将はついに七月になって海軍大臣をやめ、代わって野村直邦《のむらなおくに》大将が入閣した。これを契機にして、東条首相は内閣の改造を企図した。東条首相は、重臣たちをまず懐柔しなければいけないと考えた。できることなら、重臣のなかの何人かを入閣させ、反政府的な発言を封じるとともに挙国一致の強力内閣をつくりあげようとした。

重臣たちの動きもあわただしくなった。岡田大将は、近衛文麿、若槻礼次郎、平沼騏一郎、広田弘毅および米内光政の五重臣と連絡をとり、たとえ、東条首相から入閣の誘いがあっても受けないとの申し合わせをした。

わたしは、そのころ、内閣参事官をしていたが、岡田大将は岸信介《きしのぶすけ》国務大臣兼軍需大臣のところへ行き、つぎのように伝えろといった。

「こんど、内閣の改造が行なわれるようだが、おそらく、あなたは辞表の提出を求められるにちがいない。これ以上東条内閣がつづくと、日本は終戦の機会を失い、不幸な結果を招くので、あなたは辞表を出せといわれてもあくまで拒否してもらいたい」

わたしは四ツ谷駅の近くにあった軍需大臣官邸に岸さんを訪ね、岡田大将のことばを伝えた。そのころの内閣は、いまのように総理が各大臣を任命するのではなく、天皇陛下が個々に親任されることになっていた。したがって、総理が閣僚に辞表の提出を求めたとき、これをこばむ者がいたら、その要求を撤回するか、閣内不統一という理由で総辞職するよりほかに道はなかった。さらにわたしは、岡田元首相の命によって内田信也《うちだのぶや》農相、重光葵《しげみつまもる》外相をも訪ね、同じ趣旨のことを伝えた。これら三人の閣僚は、このさい、東条首相を退陣させるのに同感だといって、岡田大将の申し入れを承諾した。軍需大臣官邸へ行ったときのことである。話が終わったあと岸さんから「裏口から出て帰りなさい」といわれた。表には憲兵が見張っていたからである。やっとの思いでタクシーを拾ったが、あまり気持のよいものではなかった。

それからまもない七月十七日の真夜中、午前一時に東条首相は岸信介国務大臣に対して辞表の提出を求めてきた。岸国務相は即答を避けるとともにかねてから打ち合わせていたとおり、岡田大将に連絡してきた。

その日の正午すぎ平沼騏一郎邸に、岡田啓介、近衛文麿、平沼騏一郎、若槻礼次郎、米内光政、広田弘毅および阿部信行《あべのぶゆき》の七重臣が集まって会議を開いていた。会議の内容は、東条内閣を存続させるかどうかという重大な一点に集中されていた。このうち、陸軍出身の阿部大将だけは、立場上、東条内閣をやめさせるわけにはいかないとの意見を吐いたが、残りの六重臣は、東条内閣には時局を担当するだけの力がないという点で意見の一致をみていた。重臣会議の決議は、木戸幸一内大臣を通じて、陛下のお耳にも達した。

情勢をきいた東条総理は、やむなく内閣を投げ出し、総辞職した。

それからあとがたいへんだった。岡田大将は率先して後継内閣の首班には鈴木貫太郎大将しかいないことを力説した。岡田大将は、鈴木大将こそ〝最後の切り札〟であるとまでいい切った。岡田大将の身辺にいたわたしは、鈴木内閣を実現させて、一挙に終戦へもっていこうという気持ちが手にとるようにわかった。だれもが鈴木内閣の誕生を待ち望んでいるような情勢のなかで、陸軍の処遇をどうするかという難問題が残った。海軍はほとんどの艦船と航空機を失い、羽をもがれた鳥同然の姿だったので、部内で異論をさしはさむ者はほとんどいなかったが、陸軍は本土決戦をも辞さないという態度をとりつづけていたので、その処遇を一歩誤まれば、内乱さえ起こりかねない状態にあった。木戸幸一内大臣は、このことをいちばん心配した。東条内閣のもとで強力な権限を与えられた陸軍の憲兵は、岡田大将や岸信介、それにわたしのような下僚に対しても反戦思想の持ち主だとしてマークし、なにか機会があれば逮捕しようと虎視眈々狙っていたようである。

内閣総辞職後、あとの内閣総理大臣の候補者を選定するため、木戸内大臣が正式に重臣会議を招集した。その席上、木戸内大臣がいきりたつ陸軍の連中をいかにして押えるかとの発言をすると、だれもがいちように口をつぐみ、しばらくの間、沈黙が一座を支配した。とどのつまりは、木戸内大臣の意見がいれられ、陸軍部内でも穏健派と目されている朝鮮総督の小磯国昭大将に大命が降下されることになった。ただ、小磯大将ひとりにまかせると、また、陸軍が独走する懸念も出てくるので、海軍の重鎮で、戦争をやめる気持をじゅうぶんもっている米内光政大将の二人に組閣の大命を下すという異例のかたちをとることになった。もちろん、二人に対する大命降下ではあるけれども、総理には小磯大将、海軍大臣には米内大将というおことばがあった。

第三章　陸海軍首脳と議会への対策

不仲の陸海軍をまとめる

鈴木内閣が成立するとき、陸軍は阿南大将を入閣させるかわりに三つの条件を要求として提出した。鈴木総理はなんの論議もしないであっさり引き受けた。そのなかに「努めて陸海軍一体化の実現を期し得る内閣を組織すること」というのがふくまれている。陸海軍が合同して一本になることは、理想論としてはうなずけるが、法制上の問題もあるし、両軍には長い間の伝統もあるので、おいそれと合体するわけにはいかない。もし、ほんとうにやろうとすれば、だいいち、憲法から改正してかからなければならない。にもかかわらず、敗色が濃くなりはじめたころになって、陸軍が、急にこのことを強調しはじめた。陸軍と海軍の仲は、日を追うて悪くなり、陛下もだいぶ心配されていた。東条内閣が崩れたあと、陸軍の小磯、海軍の米内の二人の大将に大命が降下したのも陸海軍の仲をよりよくしたいという陛下の願いがこめられていた。鈴木総理は、その間の事情をよく知っていたので、組閣後二十日ほどたった四月二十七日、首相官邸に陸海軍の首脳を集め、打ち合わせ会議を開いた。

それよりさき、鈴木総理はわたしを呼びつけ、このような人たちを集めて、このような内容の話をしたいので準備してほしいといった。出席者は陸海軍の両大臣と両次官、梅津参謀総長、豊田軍令部総長、河辺《かわべ》［虎四郎《とらしろう》］参謀次長、小沢《おざわ》［治三郎《じさぶろう》］軍令部次長および吉積、多田《ただ》［武雄《たけお》］の両軍務局長の計十人である。組閣以来、鈴木総理がこのように具体的な内容で命令をくだすことはなかったので、わたしはいささかおどろいた。そこで、秋永月三内閣綜合計画局長官と相談して、一つの台本みたいなものをつくりあげた。

会議は四月二十六日の午後四時からはじまった。わたしは筋書きどおりにことが運ぶよう念じていた。まず、総理は一座を見渡しながら、ゆっくりとした口調であいさつをした。

「きょう、みなさまがここにお集まりくださいましたことは、まことにありがたく厚く感謝するしだいであります。実は、わたくしはご承知のとおり、政治はもちろんのこと、世のなかのことはほとんどわきまえないような状態にあったのであります。それが突然やむを得ず組閣の大命を拝することになりまして、実はどうしてよいか、当惑しておりましたが、ただ、そこで考えたのは、今日の場合、なんといっても陸海軍大臣にりっぱな人を得ることが第一の要件であるということであります」

ここで鈴木総理はひと息ついた。五人ずつの陸海軍の代表のほかには、秋永計画局長官とわたしの二人がオブザーバーとして出席しているだけである。総理の話がつづく。

「そこでまず、陸軍大臣の選定につきましては、前の陸軍大臣杉山閣下のところへわたくしのほうから出向きまして相談をいたし、阿南閣下を陸軍大臣に推薦したいと申し入れたのであります。そのとき、杉山閣下からは、こんどの組閣に対する陸軍の要望について、三件のお示しがありました」

総理の話は、ここでまたひと区切りした。

「三つの条件と申しますのは、即ち、一つ、あくまで大東亜戦争を完遂することということです。これはわたくしとして当然やらなければならないことです。二つ目の条件はつとめて陸海軍一体の実現を期し得るごとき内閣を組織することでありました。これもわたくしは当然のことで陸海軍が一体化しなければ、戦争をみごとに完遂することはできません。わたくしの考えているところもこのとおりであります。三つ目の条件は、本土決戦必勝のための陸軍の企図する諸施策を、具体的に躊躇なく実行することでありました。これもまことに当然の話でありまして、あらかじめ、それだけの準備をしなければ、必勝を期することはできません。これも内閣として、当然、つとめなければなりません。そこで、わたくしは、以上の三点については、当然のことであると思って、まことに簡単に〝これはやります〟とお答えしたのであります。いわば、わたくしはこれを鵜呑みにしたのであります。そうして、幸いに阿南閣下をご推薦くださったので、わたくしは非常に感謝したしだいであります。そういうようなわけで、このことについては、さらに阿南閣下においでを願って、入閣をお願いしたときにも阿南閣下から同様のおことばがありましたけれども、わたくしはやはり単純に、前に杉山閣下に申しあげたように〝それは承知しますから、ぜひ、やってください〟ということで、とにかく、それをきっかけにして、二日間各方面に交渉して組閣ができたようなしだいであります」

総理の話はまだつづく。これは台本どおりで、総理の発言がひと区切りついてから、出席者の質問を受ける手はずをととのえていた。

「ところで、組閣後になりまして、前に申しあげた第二項の〝つとめて陸海軍一体化の実現を期し得るごとき内閣を組織すること〟という件につきまして、わたくしは従来のことはまったく知らなかったから、すこぶる簡単なことだと考えておったのであります。従来、陸海軍の間でいろいろ考案されたこと、また、それについて、各種の論議が行なわれたこと、そして、そのことが自然に陸海軍の一体化の実現を期するということの軸であったことを承知するようになったのでありますが、しかし、そういうことが長くわだかまっていると、現在の戦争のうえにおいてもその影響するところ少しとしないのでありそます。そこで、そういうことであれば、これはいちおうみなさまに一度会合を願って、いろいろなご意見をうかがい、この危急存亡のときに、とにかく陸海軍の間に一致和合を求めて、これをもとにして戦争の完遂にますます努力しなければならないと、かように考えましたので、実はここにみなさまのお集まりを願ったようなしだいでありります。どうか、この場合、従来、ご論議になった要点をわたくしにおきかせ願い、また、ご意見のおありの点は腹蔵《ふくぞう》なくおのべを願い、そうして、一致点を求めて善処いたしたいと、かように存ずるしだいであります」

およそ、二十分ほどで、あいさつと会合の趣旨の説明を終わった。

体験談で説得に乗り出した首相

われわれがつくった台本によると、ここで出席者の意見をきくことになっていた。わたしは立って、つぎのように発言した。

「どなたか、ご質問はございませんか。なければじぶんの意見をのべてもらっても結構です」

だれも手をあげる人がいない。みんな押しだまっている。これでは会議にならないと思ったので、わたしは海軍の小沢軍令部次長を名指しで、意見を求めた。小沢次長は大きな声で、ただひとこと、いい放った。

「別に意見はないっ」

とりつく島もないありさまである。わたしが何度も何度も意見を求める発言をしたので、梅津参謀総長が、少しばかり話をしたが、一座の空気はどうもしっくりしない。そのうちに陸軍側がわたしに文句をつけてきた。

「陸軍と海軍との間に対立があるということをいわれるが、もし、具体的な例があるなら、それを内閣のほうで示してもらいたい」

わたしは困った。こんな発言ばかりを許していたら、総理のせっかくの善意が踏みにじられてしまうと思ったので、会議ではなく、総理の陸海軍首脳に対する説示という形式に切り替えるほか仕方がないと思った。つづいて総理はむかしの体験談を話し出した。

「いろいろのお話もあるようですが、ここでご参考にはならないかもしれないけれども、わたくしのむかし話を申しあげてみたいと思います。わたくしとして、陸海軍の協同動作のうえにおいて、過去の歴史をかえりみてみますと、これには長い歴史があります。由来、陸軍と海軍との間の論争は、いわゆる伝統的なようなものがありまして、すでに西南戦役以後から、これは相当あったように思います。かつて、ご一新当時において、兵部省でみな合一していたのが、その後海軍が独立したのでありまして、西南戦役当時においても、陸海軍は協同でさかんに活躍したものであります。しかし、なんといっても、その当時の海軍は、ああいう陸戦に対しては、担当するところがはなはだ少なかった。それでも、ともかく、相当の成績をあげたのであります」

鈴木総理の話はたいへんわかりやすい。明治十七年に海軍兵学校へ入学した人なので、西南の役の話をもち出しても、だれも文句をつけるわけにはいかない。その話しぶりはちょうど先生が生徒に歴史物語を説いてきかせるような趣きがあった。話は初期参謀本部時代へと移っていった。

「その後、参謀本部ができたときに、やはり、参謀本部のなかに陸軍部、海軍部があって、総長を陸軍から出しておりました。そうして、これが数年つづきましたが、その間に海軍はいつも風下に立たされるので、不平不満であり、それにもともと陸上の戦いと海上の戦いは、戦いの状況がちがい、したがって、その指揮の方法も異なるし、いろいろの点で相当の論議があって、これはどうしても海軍は海軍で独立しなければいけないという議論がさかんになりました。明治二十二、三年ごろだったと思います。そこで、ついに参謀本部から離して、海軍参謀部というものができたのであります。これは、まったく独立した機関でありましたが、その当時は、海軍大臣がそれを兼務するいわば軍政機関でありながら、統帥部の参謀部を兼任するという変則なことが行なわれたのであります。それから、憲法が発布せられてから二、三年ののちに、やはり、軍令部をおかなければならないという声が起こりました。これは明治二十五、六年ごろのことだと思います。そこではじめて軍令部というものができまして、そうして、陸軍の参謀本部と対立するかたちになったのであります。そうするうちに大本営条例ができましたが、その当時の大本営条例では、やはり、参謀総長が幕僚長で、その下に陸軍部、海軍部がはたらくような仕組みでありました」

海軍省の軍務局につとめたり、海軍大学校の教壇に立ったりしたことのある鈴木総理の話にはたしかに説得力がある。つづいて日清戦争当時の状態に言及した。

「そういう仕組みのままで日清戦争が行なわれたのであります。当時は有栖川宮《ありすがわのみや》殿下が大本営の幕僚長であられましたが、しかし、そのときにもすでに海軍側においては、相当不平不満の声があり、やはり、幕僚は両立しているのでなければいけないという芽は、そのときに相当成長しておりました。けれども、殿下が参謀総長として大本営の幕僚長をしておいでになる関係上、だれもそれを表立って論議することはなかったのでありますが、殿下がなくなられたのち、その論議が表面に現われてまいりました。それで、明治三十年ころから、さかんにその論義がありまして、山本権兵衛大将が海軍大臣になられたときに、これはどうしても解決しなければならないという意見を立てられたのであります。つまり、その当時の議論からみますと大本営は陸軍の幕僚長、海軍の幕僚長が並立して陛下に奉仕するのでなければいかぬということでありましたが、その主義とするところはなにかと申しますと、統帥のことは、つまり戦争の指導であるということです。戦争そのものの性質からすれば、大元帥おんみずからこれを指導、統率されることが根本である。したがって、従来のような一人の幕僚長をおいて輔弼《ほひつ》の責めに任ずるというような、いわば政治組織の上における総理大臣のごとくこれをあつかうのはまちがっている。戦争は国家の存亡を決する問題である。輔弼の責任というようなことを統帥の上に考えるならば国家の滅びるときにあたって、だれが責任を負うのか。そのときになってから輔弼の責任があってみたところで、なんの役にもたたない。もし責任を論ずるならば、陛下ご自身がその責めに任ぜられるわけである。また、統帥の究極の活動というものを考えてみると、ナポレオンなり、フレデリック大王がやったようにみずから前進を命ずる。その機にあたっては幕僚もなにもないといったようなことが本領ではないか。そういうようなわけでありますから、この陸海軍の幕僚長が二人対立してもいっこうさしつかえない。もちろんおたがいに協同一致して大いに研究をとげたうえに方針、計画をたてていくのは当然であるが、もし、両方の意見が相違して対立した場合には、その決はただちに大元帥陛下におねがいしてご親裁を乞う。それでよいではないかというのが海軍の主張でありました。しかし、陸軍側のほうでは、やはり、従来の体裁のほうがおかみにご迷惑をかけないでよろしいということで、この論議には、実に数年を費しておりました。そうして、ようやく、明治三十六年にいたって、日露戦争のすぐ前において、海軍側の主張をいれて、陸軍、海軍の幕僚長を並立していくようになったのであります」

大きな意味をもつ首相の説示

会議室の時計の針は、五時をとっくにすぎていた。鈴木総理の話は熱をおびてきた。

出席者はとみると、両手をひざの上において端座している人もおれば、机の上にひろげたノートにさかんに鉛筆を走らせている人もいた。総理の説明はまだつづく。

「こういう過去の歴史もありますので、こういうことは、いろいろ研究してみると、どれがよいか、そのとき、そのときの形勢にもよりますが、なかなかむつかしい問題であります。それでまあ、日清、日露の戦争でとにかくあれだけの戦績をあげたのですから、その点からというと、どっちがよい、悪いといえないかもしれません。今日でもそれと似かよった議論があるとうけたまわっておりますが、こういうようなことが、やはり、一体化ということをとくにいわなければならぬ原因になっているようにうかがうのであります。これは、見方によって相当ちがうところがあると思います。しかし、とくにこの問題については、過去の歴史を振り返ってみますと、わたくしは軍務局の当時、明治三十一年から三十四年までの間、軍事課の一下僚として、まだ少佐時代でありましたが、じぶんの担当した事務のなかにこういう問題があったわけであります。そうして、この論争の主任者は太田三次郎《おおたさんじろう》、参加者には佐藤鉄太郎《さとうてつたろう》とわたくしとがおったわけですが、陸軍側では、もう今日では論争された人はほとんど記憶しておりませんが、おそらく、尾野実信《おのみのぶ》閣下が参謀本部におられて、その間の事情は相当ご承知ではないかと存じます。とにかく、わたくしは過去の歴史をご参考までに申しあげておきます」

あまり長くなったので、わたしは総理に一服お願いして、出席者の発言の機会を与えることにしたが、ほとんど質問する人はいなかった。半世紀近いむかしの思い出を記憶の糸をたぐりながら話すので、みんな感心したのかもしれない。ここで総理は一段と声を大にした。

「要しまするに、陸海軍の一体化という問題について、幕僚長をおくとか、あるいは陸海軍省を統合して国防省にするとかいう問題は、そのこと自体、帝国の戦力を向上させるうえにおいて一面、きわめて有効な措置であると同時に、また、ある意味から申しますと、それとは反対の意見もたち得るのでありまして、これはじゅうぶんに論議を重ねて行かなければいけないと思うのであります。わたくしとしましても、そういうことをじゅうぶん納得のうえ、実現することは好ましいこととは存じますが、ただいまの情勢では必ずしも急速にはいかないと思われますし、また今日の戦争に間にあいかねると思われますので、この問題は別途に研究を重ねることといたしまして、さしあたりは各個の問題について、できることから陸海軍の一体化を国民の前に示すようにどしどし解決して行くことが必要かと思うのであります」

ここでまたひと休みした。このあと、実際に起こっている対立の状況などについて、話を進めた。

「先般の最高戦争指導会議で決定しました国家船舶の一元運営問題とか、また、最近決定しました陸海軍両報道部の合同などということは、このことの一つの実例でありましょう。この種のことは、まだ、たくさんあると思います。たとえば、陸海軍の作戦担当者が一つところで仕事をするということもきいております。そうして、きくところによれば、このことは場所の問題で行きづまっているということでありますが、これはいろいろないきさつを払いのけて、一日も早く実現せられるよう切に希望いたします。また、そのほか、諜報機関の一元化の問題もありましょうし、生産面におきましては、陸軍の管理工場、海軍の管理工場というようなものをやめて一本化するとか、少くとも国内における飛行場の整備などは、陸海軍別々でなく、一本で施行すること、さらに進んでは、航空兵器総局と陸軍兵器行政本部、海軍艦政本部の統合ないしは一体的運営とか、少くとも発注の一元化というような問題があると存じます。どうぞ、これらの点について、両軍におかれては、こまかいところに拘泥《こうでい》されることなく、大乗的に個々の問題を至急に研究して、成案を得てどしどし実施していただきたいと思います。なにぶんにも陸海軍の一体化ということは、今日、国民の要望する最大のことであり、これがどんどん片づいていくことは、国民の戦意向上のためにこのうえない有力な動機となるのと存ずるものでありますから、政治的に申しましても、ぜひ、みなさまの深いお考えとご勇断とをお願いするしだいであります」

二時間ちかくにわたった陸海軍首脳会議はようやく終わりに近づいた。総理の話の大部分は総理自身の考えから出たものだが、終わりのほうの部分は、われわれ側近の者が力をあわせて練った案である。わたしは、ここでまた出席者の発言を求めたが、たいした質問は出なかった。いつのまにか、窓外には暮色がただよっていた。そこで、鈴木総理はしめくくりのあいさつをした。

「本日はきわめて有益でありました。わたくしは、この機会に両軍部首脳の方々にお願いを申し上げますが、それはぜひ、沖縄の作戦が成功するようにしていただくということであります。沖縄の作戦が成功しますれば、国民はいくさに勝つメドができますから、どんな苦労にもたえしのぶ勇気が出ますし、また、外交政策も有効に行なわれると思います。どうか、陸海軍ともその全力を惜しみなく使って、この作戦を成功に導かれるようにお願いいして、この会を終わりたいと存じます」

沖縄本島へアメリカ軍が上陸してから一か月近い日数がたっていた。戦勢は日に日に悪くなっていく。鈴木総理としては、陸海軍の協力でどんなことがあっても沖縄からアメリカ軍を追い落とし、それが実現したあかつきに和平への外交交渉を踏み出そうと考えていたにちがいない。だからこそ、会議の閉幕にあたって、わざわざ「沖縄の作戦が成功すれば、外交政策も有効に行なわれると思います」ということばをつけ加えたわけである。その後の沖縄での戦闘は、悲観的な材料の続出で、ついに作戦終了を公表しなければならない羽目に陥り、総理の意図はむなしく消えるほかはなかった。

会議が終わったあと、一同は打ちそろって夕食をともにした。そのときには、いくらかくつろいだ空気が流れたようだったが、みんなが帰っていったあと、総理はわたしに向かってポツンとこういわれた。

「どうも、どちらも困ったものだ」

会議の席での両軍部首脳は、ほとんど口をきかなかった。延々二時間にわたる総理の説示があったにもかかわらず、少しも打ちとけるふうをみせなかった。そのことを嘆くようにして総理はわたしにいったわけである。といって、この会議にメリットがなかったわけではない。それから終戦の日まで、陸軍は表立って陸海軍の一本化を口にしなくなった。この点、総理の説示には大きな意味があった。

第八十七臨時帝国議会開かれる

六月はじめ、わたしは鈴木総理に対して、このさい、臨時議会を開くよう意見具申した。実のところ、総理は反対だった。副総理格の米内海相も賛成ではなかった。そのころ、すでに国家総動員法というかなり広い範囲にわたる委任立法が成立しており、たいていのものは勅令で処理できるようになっていた。また、明治憲法のなかには、第三十一条に「非常大権の規定」があって戦時または国家事変のさいには、憲法第二章の国民の権利義務の規定にかかわらず、天皇の大権によって施行される道が開かれていたので、わざわざ議会を開いて委任を受ける必要はないと主張する人もいた。わたしが懸念したのは、戦局が大詰めになってきて、交通機関や通信機関がマヒしはじめたので、新しく立法を行なう場合にいちいち臨時議会を開くのはむつかしくなるという点にあった。同時に日本が法治国家である以上、行政はやはり法令に基づいて行なうのがより民主的であるとも思ったからである。

はじめは反対の意を表明していた鈴木総理もわたしの熱心な説得によって、ようやく首をタテに振った。わたしは、なぜか、この臨時議会が最後の帝国議会になるような気がしてならなかった。

こうして第八十七臨時帝国議会が召集されることになった。空襲下のことなので、つとめて会期を短くしようと思い、六月九日、十日の二日間をあてることにした。上程される法案は、戦時緊急措置法および国民義勇兵役法ほか数件である。

議会の構成は、大日本政治会と称するいわば官製の政党が大多数を占め、南次郎陸軍大将が総裁の座にすわり、総務会長に金光庸夫《かねみつつねお》、幹事長に松村謙三《まつむらけんぞう》の両氏が名をつらねていた。これに対し、少数ではあるが、護国同志会という会派が強硬分子によって組織されていた。かれらは軍の連中と一脈相通じていた。

議会の冒頭に総理大臣が施政方針演説を行なうのは慣例になっているので、内閣書記官長のわたしは、その草案をつくる必要に迫られていた。たいていの場合、演説やあいさつの原稿は鈴木総理はわたしにまかせっぱなしで、とくに注文をつけられることもなく、できあがった原稿には筆を入れられることもなかったが、このときだけは草稿作成にさきだってわたしは総理にいろいろ注文をきいてみた。

「こんどの施政方針演説のなかにとくに入れておきたいというものはありませんか」

総理はしばらく考えているようすだったが、これといった特別の注文がなかったのだろう。低い声でいった。

「別段ないね。いつものとおり適当にたのむよ」

そのあと、わたしは総理と雑談した。ふと思い出したように、総理は二十数年前の話をはじめた。

「あれからもう三十年近くになるんだね。わたしは、大正七年、練習艦隊の司令官として若い候補生たちを引きつれて太平洋を渡ったことがある。そのころの日米関係は、まだよかった。われわれはサンフランシスコへ上陸してアメリカ合衆国市民の大歓迎を受けた。そのとき、レセプションの席上、わたしは太平洋という海は、文字どおり平和な海で、日本とアメリカが貿易をするために天が与えたものだと力説した。そして、もし、両国がこの海を兵員輸送などに使ったら日米両国ともに天罰を受けるであろうということをつけ加えた。もちろん、日本国民は平和を愛する国民だということも話した。みんな拍手してくれた。それがいまは血で血を洗うような戦争をしている。感慨無量だよ」

はじめのうち、わたしは、総理がなぜこんな話をするのか、真意がのみこめなかった。あれこれ話をしているうちにどうやらわかるような気がした。組閣以来、総理は外へ向かっては、戦争を完遂するよりほかに道はないといいつづけながらも、内心では一日も早く戦争を終結させたいと願っているにちがいない。鈴木総理は、慢然とこの話をされたわけではないと考えた。その夜からふた晩にわたって、わたしは施政方針演説の草案作成に専念した。そのとき、この太平洋の話を原稿の中に取り入れた。草案ができあったので、総理のもとへもっていくと、よくまとまっているといって賞められた。

わたしは面目をほどこした。六月七日は閣議の日。わたしは施政方針演説の草案を提出し、みなさんで論議してもらうことにした。ところが、異論が百出した。問題は、太平洋のくだりである。わたしはつぎのように表現した。

「太平洋は名のごとく平和の海にして、日米交易のため、天が与えたる恩恵なり。もし、これを軍隊輸送のために用いるごときことあらば、必ず、両国ともに天罰を受くべしと警告した」

このなかの「両国ともに天罰を受くべし」というのがいけないというわけである。なかには、この部分を削ってしまえと主張する閣僚もいたが、とどのつまりは、下村、左近司の両国務相、太田文相、秋永綜合計画局長官およびわたしの五人が話合って、しかるべく訂正するということに落ちついた。閣議が終わったあと五人であれこれ協議した結果、両国ともにというところを削除してつぎように書き改めることにした。米国が天罰を受けると読めるようにしたわけである。

「太平洋は、日米交易のため、天の与えたる大道なり。もし、これを軍隊輸送のために用いるごときことあらば、天譴《てんけん》必ずやいたるべしと警告した」

翌八日の朝、総理が首相官邸へ姿を現わしたとき、わたしは前夜五人で話合って訂正した箇所を示し、了解を求めた。総理のきげんはあまりよくなかった。

「迫水君、これはわたしのやった演説とは意味が違うね」

わたしは鈴木総理の心持をよく理解しながら、答えた。

「よくわかりました。それではわたしの責任において、原案どおりにいたします」

考えてみれば、鈴木総理のいい分のほうが正しい。いまは日米ともに戦争について反省すべきであるという意味がふくまれているからだ。わたしは独断で、また、原案のように書き改めた。

問題になった太平洋の思い出

明ければ、六月九日。鈴木総理は開会の劈頭《へきとう》、つぎのような施政方針演説を行なった。もちろん、太平洋の部分は原案どおりであった。

本日、開院式にあたりまして、とくに優渥《ゆうあく》なる勅語を拝し、まことに恐懼感激の至りであります。ご軫念《しんねん》のほどをお察したてまつり、わたくしは諸君とともにつつしみて聖旨を奉戴いたし、聖慮の奉行に邁進いたしたいと存ずるものであります。さきに敵の空襲により、おそれおおくも宮城および大宮御所が炎上いたしましたことはまことに恐懼に堪えないしだいであります。幸いに三陛下ならびに賢所《かしこどころ》はご安泰にわたらせられ、天皇陛下には引きつづき宮城内ご座所において、万機をみそなわせたまうことは、まことにありがたききわみであります。

今日、帝国はまさに肇国《ちようこく》以来の重大なる危局に直面いたしておるのであります。開戦以来、陸に、海に、空に、皇軍将兵のあげました戦果は、まことにかくかくたるものがありまた、銃後一億国民の努力は実になみなみならぬものがありますが、この、国をあげての努力にもかかわらず、戦局は漸次急迫し、ついに本国の一角たる沖縄に敵の侵寇《しんこう》をみるにいたりました。而して、沖縄においては、陸海軍一体の勇戦と、これに協力する官民の敢闘とにより、敵に多大の損害を与えているのであります。この誠忠義烈と不滅の勲功とは、永く青史に記録せらるべきものでありまして、わたくしはこれに対し深甚なる敬意を表するものであります。しかしながら、今日、沖縄の戦況はまことに憂慮すべきものがあり、やがては本国の他の地点にも敵の侵寇を予期せざるを得ない情勢にたちいったのでありまして、いまこそ一億国民はあげてこの事態を直視し、毅然たる決意をもって対処せねばならぬ秋《とき》になったのであります。

そもそも大東亜戦争は、宣戦の大詔に明らかに示したまわりましたとおり、当時、米英両国のとった暴戻《ぼうれい》なる態度とその野望とが、帝国の存立を危殆ならしむるにいたりましたので、帝国はその自存自衛を全うし、東亜安定に関する積年努力の成果を維持せんがためやむを得ず起ったのであります。わたくしは多年側近に奉仕し、深く感激いたしているところでありますが、畏《かしこ》ききわみながら、世界においてわが天皇陛下ほど世界の平和と人類の福祉とを冀求《ききゅう》あそばされるお方はないと信じているのであります。万邦をしておのおのそのところを得しめ、侵略なく、搾取なく、四海同胞として人類の道義を明らかにし、その文化を進むることは、実にわが皇室の肇国以来のご本旨であらせられるのであります。米英両国の非道は、ついにこの古今に通じて謬《あやま》らず、中外にほどこしてもとらざる国是の遂行を不能に陥れんとするに至ったものでありす。すなわち、帝国の戦争は、実に人類正義の大道にもとづくものでありまして、断乎戦い抜くばかりであります。

今次大戦の様相をみまするに、交戦諸国はそれぞれその戦争理由をたくみに強調しておりますけれども、畢竟《ひっきょう》するに、人間の弱点としてまことに劣等な感情である嫉妬と憎悪とに出づるものにほかならないと思うのであります。わたくしは、かつて大正七年、練習艦隊司令官として、米国西海岸を航海いたしましたおり、桑港《サンフランシスコ》における歓迎会の席上、日米戦争観につき、一場の演説をいたしたことがあります。その要旨は、日本人は決して好戦国民にあらず、世界中でもっとも平和を愛する国民なることを歴史の事実をあげて説明し、日米戦争の理由なきこと、もし、戦えば必ず終局なき長期戦に陥り、まことにおろかなる結果を招来すべきことを説き、太平洋は名のごとく平和の海にして、日米交易のために天の与えたる恩恵なり、もし、これを軍隊輸送のために用うるがごときことあらば、必ずや両国ともに天罰を受くべしと警告したのであります。しかるにその後二十余年にして、米国はこの真意を了得せず、不幸にも両国相戦わざるを得ざるに至りましたことは遺憾とするところであります。しかも今日われに対し、無条件降伏を揚言しているやにきいておりますが、かくのごときは、まさにわが国体を破壊し、わが民族を滅亡に導かんとするものであります。これに対し、われわれのとるべき道はただ一つ、あくまでも戦い抜くことであり帝国の自存自衛を全うすることであります。

而して、満州国、中華民国をはじめ大東亜諸国は、帝国との締盟ますますつよく、わが征戦に多大の寄与をせられつつあることは、帝国としてまことに感謝にたえないしだいであります。今次の戦争は、畢竟、敵米英が東亜を奴隷化せんとするに対する東亜解放戦であります。この戦いにして蹉跌《さてつ》せんか、大東亜民族の自由は永遠に失われるのみならず、世界の正義はまったく蹂躙せられることを銘記し、帝国はどこまでも締盟諸国と一体となり、行動せんことを期するものであります。帝国の、大東亜ひいては世界秩序に関する根本方針は、政治的平等、経済的互恵、固有文化尊重の一般原則のもとに各国各民族の共存共栄を確保するため、不脅威、不侵略を趣旨とする安全保障の方途を確立することであります。この見地よりして、帝国は中華民国の統一、救国の気運を支援するものであり、また中立国との友好関係をいっそう促進せんことを欲するものであります。わが国民の信念は、七生尽忠であります。わが国体を離れてわが国民はありませぬ。敵の揚言する無条件降伏なるものは、畢竟するにわが一億国民の死ということであります。われわれは一に戦うのみであります。もし本土が戦場となれば、地の利、人の和、ことごとく敵にまさること万々であります。すなわち、優勢なる大軍を所要の地点に集中することも、これに対する補給も、もっとも容易に遂行し得るのでありまして、これまで島嶼《とうしょ》における戦闘とはまったく異り、必ずや敵を撃攘し、その戦意を潰滅せしむることができるのであります。おおよそ、戦いに勝つの道は、これを古今の戦史に徴するも、敵の戦意をくじくことにあります。しかも敵の戦意をくじくことは、わが戦意が敵を圧倒することであり、これがためには、われの戦意を日々ますます高揚することが肝要であります。

いまや苛烈なる戦局の現段階において、わが国内の事情は、あるいはこんご食糧も必ずしもじゅうぶんとはまいらず、また、交通運輸も円滑を欠くおそれなしとせず、さらに軍需生産も困難の度を増しましょう。しかしながら、このさい、国民全体がいよいよ闘魂を振起し、おのおのその職任に必死の努力を傾注するにおいては、これら難関をも克服し、もって戦争完遂の目的を達成し得るものと、確信するしだいであります。かくして、わたくしの率直に感じまするところ、われわれとしては、いま一段の努力であります。敵国の国内情勢の動向を推しはかり、また、国際情勢の機微を察しまするに、我々としては、ただこの際、あくまでも戦い抜くことが戦勝へのもっとも手近な方法であるということを痛感せざるを得ないのであります。わたくしはこの信念に基づきまして、大命を拝し内閣を組織したしだいであります。まことに容易ならぬ事態ではありますが、全国民諸君の協力を得て、この信念のもとにご奉公の誠を尽くしたいと存じておるのであります。今般臨時議会の招集を奏請し、各般の法案を提出して、諸君のご審議を仰がんとするゆえんも一にここに存するのであります。

なお、政府は別に今般地方総監府を設置いたしまして、戦時下における応機適切なる行政の実施を可能ならしむるため、国内態勢の整備確立をはかり、さらにまた国民義勇隊を結成し、これを中軸として生産および防衛の一体強化をはかるとともに事態急迫の場合に処し、国防上、万全の施策を講ぜんとするものでありまして、今次、義勇兵役法案を提出いたしましたのも、この趣旨によるものであります。また、行政の刷新をはかるため、官吏登用の道をひろめて、野に遺賢なきを期し、信賞必罰、もって官紀の振粛を期しておるのであります。幸いにして法案成立のあかつきは、これら諸施策と相まってこれを活用し決戦段階に直面せる今日の戦局に処し、すみやかにとるべきをとり、捨てるべきを捨て、旧来の陋習《ろうしゅう》になじまず、勇断ことにあたり、もって本土決戦態勢の整備に遺憾なきを期したいと存ずるしだいであります。

近次、敵の空襲ますます熾烈となり、全国各地に多大の被害を生じ戦災者もまた少からず、まことに同情にたえないしだいであります。しかも空襲はこんごさらに苛烈を加うることは必然でありますが、これを全国的にみますれば、その地域は、なおきわめて局限せられており、重要生産施設の疎開、復旧も相当進捗しておりますので、まのあたりにみる状況によって判断を誤るべきではありませぬ。要は国民の旺盛なる戦意であります。わたくしは数多き戦災者の起ち上がる姿を見、復興といわんよりも、むしろ、生まれ変わった建設というたくましい気迫に接しまして、まことに力強きものを感じます。われわれはどこまでも皇土を保衛し、帝都を固守し、敵の暴戻を反撃すべき時機の到来を期するものであります。いまやわれわれは全力をあげて戦い抜くべきであります。一部の戦況により失望し、落胆するは愚であります。天皇の大纛《たいとう》のもと、いっさいを捨ててご奉公申しあげてこそ、日本国民であるのであります。わたくしは、政治の要諦は国体を明らかにし名分を正すにあると信じます。国体を護持し、皇土を保衛し、全国民一体となり、しかも各自が一人もって国を興すの決意を固め、みずから責任を負い、自力をもって最大の工夫と努力をこらし、目標を戦争完遂の一点に凝集し、一人も残らず決死敢闘するとき国民道義は確立せられ、秩序整然たる態勢のもと、戦力のいやがうえの発揮ができるものであると確信いたします。わたくしは国民諸君を信頼し、軍官民真に一体となり、一億が力を出し切る態勢をととのえ、その最前列に全生命を捧げて奮闘いたす所存であります。

いまや戦局真に重大なる段階に直面するのとき、われわれは夙夜《しゅくや》思いを前線に挺身せらるる将兵諸士のうえに馳せ、まことに感謝感激にたえぬしだいであります。また、ここに護国の英霊に対し、つつしみて敬弔のまことをささげまするとともにその遺族に対し、深甚なる同情を表するしだいであります。われらはすみやかに戦勢を挽回し誓って聖慮を安んじたてまつるとともに、これら勇士に報いんことを期するものでありります。以上わたくしの信念を披瀝《ひれき》し、諸君のご協力を願うしだいであります。

この演説をきいて、問題の箇所が訂正されていないので、けげんな顔をする閣僚もいたが、その場はどうやら混乱もなく終わった。ある議員はわたしのところへやってきて、涙ぐみながら、こういった。

「なかなかいい演説だった。これで総理の真意がやっとつかめたような気がする。書記官長は雑音を気にしないで、しっかりやってくれ」

気になることもあった。護国同志会の議員の一人が訪ねてきて、なかばおどかすようにしてわたしにつっかかってきた。

「総理はまったくけしからんことをいったものだ。おぼえておれ。そのうちにわれわれは内閣をつぶしてやるからな」

わたしは、かれが怒っているのは、例の太平洋の部分だなと思った。

最悪の事態に追いこまれた議会

委員会で法案の審議をはじめようとしたら、さっそくクレームがついた。このような重要法案を審議するのに会期をわずか二日間に限るのはけしからんといい出す議員がいて、あげくの果てには議会を軽視するのかとつめよってきた。てんやわんやのうちにたちまち二日間が空転した。わたしは大日本政治会や護国同志会の幹部に会って、一刻も早く法案の審議を軌道にのせようとはかったが、なかなかうまく運ばない。なかでもいちばん困ったのは、鈴木総理の耳が遠いことだった。

議員がいくら大きな声を出して質問しても総理はまったくきこえないらしかった。わたしは総理のそばにつきっきりで、質問の要旨をまずメモにとり、ついで答弁要領を書き添えて、総理に手渡さなければならない。これではひまがかかるのが当然である。どんなにがんばっても質問が終わってから総理が答弁に立つまでには、二分、三分と時間がかかる。打てば響くように答えれば、議員諸公のヤジを防ぐことができるけれども、それは不可能に近かった。わたしは内心ヤキモキしたが、総理は悠然として、自席で端座していた。決して、わたしに急げなどというそぶりを示さない。そのことにわたしは心から感銘した。わたしが答弁要領の紙を手渡すと、それを捧読みにする。相手はその大人的な風格にのまれてしまうのか、そのあとはなにもいわない。あるとき、総理秘書官である甥の鈴木武君がたずねた。

「議場ではみんながガヤガヤいってうるさく感じますが、総理の耳にはどのようにきこえますか」

「そうだね。たくさんのカエルがいっぺんに鳴き出したような声がきこえてきて、その間からとぎれとぎれになにやら単語が耳もとに届くようだね」

総理は笑いながら答えた。

法案の審議はいっこうにはかどらない。業を煮やした米内海相などは、これ以上つづけると混乱を招くばかりなので、審議未了のままでもよいから、はじめにきめた二日間の会期を守って閉会にしたほうがよいと主張した。それでもわたしは、一日だけ会期を延長する手はずをととのえ閣僚たちを説得して回った。十日の午後十時になって、やっと会期延長がきまった。

六月十一日、大きな波乱が起こった。その日、わたしは秘書官らと手分けして委員諸公の間をかけめぐり、質問要旨をきき出し、それに総理の答弁要領を書き加え、手渡した。わたしは政務官会議の司会をしなければならなかったので院内の内閣書記官長室へ行った。混乱はわたしの留守中に起こった。護国同志会の小山亮《こやままこと》議員が質問要旨にないことを鈴木総理にぶっつけてきた。

「総理は施政方針演説のなかで太平洋を軍隊輸送のために使うようなことがあったら、日米両国ともに天罰を受けるといったが、それでは日本も当然天罰を受けなければならなくなる。このことは宣戦の詔勅に天佑《てんゆう》を保有しとおおせられているのと矛盾するではないか。総理の真意をおうかがいしたい」

総理は耳が遠いので、小山議員がなにを質問しているのか、よくわからなかったらしい。わたしがその場にいたら、質問の要旨をメモし、答弁要領を書いて渡すところだが、不運にもいなかった。そこで、総理のとなりにすわっていた岡田厚相が少し大きな声で、総理に耳打ちした。

「例の、施政方針演説のなかの天罰と宣戦の詔勅のなかの天佑との関係をきいてるんです。これは総理の得意とされるところですから、みずから答弁されてはいかがですか」

それからまもなく書記官長づきの山下《やました》［謙二《けんじ》］秘書官が息せき切ってわたしの部屋へ

とびこんできた。

「書記官長っ、たいへんですよ。いま、総理が委員会で重大な失言をしたというんで、大騒ぎになりました。すぐ、きてください」

わたしは、政務官会議を中断してとび出した。委員会室へ行ってみると、すでに休憩が宣せられ、閣僚たちは打ちそろって引き揚げるところだった。わたしはいっしょに閣僚室に入った。みんなしょんぼりしている。空気が沈みきっている。よくきいてみると、総理が詔勅を批判したということである。もし、事実だとすれば、理由のいかんを問わず、不敬ということになりかねない。閣僚のなかには、こうなった以上、内閣は総辞職したほうがいいのではないかとまでいい出す人もいるしまつである。ふと、みると、総理はじぶんにはなんの関係もないといったふうで、新聞を開き、口には葉巻きをくわえ、紫煙をあげていた。

わたしは困ったことになったと思ったが、このまま放置しておくと、それこそ最悪の事態に追いこまれる危険性も出てくる。すぐ速記録をとりよせ、総理が実際にどのような答弁をしたかを調べてみた。速記録につぎのようになっていた。

「それから、天佑を保有される天皇陛下の、このありがたい天佑とは、まったくちがった意味でございますから、どうぞその点、ご了承願いたいと思います。これは、天佑を保有するということばの意味につきましては、学者の間にも非常なご議論があることであります。ただいまそのことを申し上げることはできませぬが、それと――（発言する者多し）――ご了承願います。

（不敬だ、ご詔勅ではないか、委員長、委員長と呼び、その他発言する者多く、聴取するあたわず）」

総理の発言内容は、わたしにもよくわからない。何度読み返してもさっぱり意味が通じない。総理は「天佑を保有し」ということばの意味を説明しようとしたらしいが、護国同志会の連中は最後まで話をきこうとしないので「学者の間にも議論がある」といった発言をとりあげて、詔勅を批判したといって騒ぎ出したわけである。

首相不本意ながら前言を取消す

事態が明らかになるにつれて、わたしはどんなことがあっても、委員会を再開し、審議を続行しなければいけないと考えた。まもなく、護国同志会は、つぎのような声明書を発表した。

六月十一日、戦時緊急措置法案委員会において、議員小山亮君が、鈴木総理大臣の施政方針演説中、日米両国が戦えば、ともに天罰を受くべしという言辞あることに言及されたるさい、鈴木総理大臣は、畏くも詔勅を批判し、天佑を保有するというおことばにつきましては、学者間にも非常にご議論のあるところでありますと放言せるは、神聖なる国体を冒とくし、かねて光輝ある国民的信仰を破壊する不逞悪逆の言辞にして、大逆、天人ともに許されざるところ。吾人同志は、あくまでも不忠不義を追及し、もって、かくのごとき敗戦卑陋《ひろう》の徒を掃滅し、一億あげて必勝一路をばく進せんことを期す。

この声明書は鈴木内閣に対する最大級の悪罵である。もちろん、閣僚一同は憤激した。声明の内容をくわしく読んでみると、終わりのほうに「かくのごとき敗戦卑陋の徒を掃滅し」とある。これは総理個人を責めるというよりも明らかな倒閣運動である。うわさによると、この声明書は院内の陸軍の政府委員室で印刷されたということだった。いかにも護国同志会らしいやり方である。

わたしは委員会を再開するため、閣僚たちを説得するとともに大日本政治会や護国同志会の控室へ足を運び、話をまとめるのに懸命だった。つまるところ、総理が前の答弁を取り消し、改めて答弁することで、この場を収拾することができた。

午後五時すぎから、ふたたび委員会が開かれ、鈴木総理は、不本意ながら、つぎのような答弁を行なった。

先刻の小山君との問答は、こと、皇室に関することでありまして、非常にたいせつなことでありますが、わたしくのことばが足りなかったため、たいへんな誤解を生じましたことは、まことに恐懼しております。そこで、これを全部取消しまして、改めてわたくしの真意を申し上げたいと思います。まず、両国ともに天罰を受くべしということは、その当時の米国で、米国に向かって申したことでありまして、わたくしの真意は、小山君のおおせられたとおり、戦争挑発者が天罰を受けるという意味でありまして、すなわち、米国は天罰を受けるのだという心持ちで申したのであります。また、天佑を保有しというご詔勅のおことばにつきまして、わたくしの申し上げようと思いましたのは、天佑を保有しというおことばの意味は、通俗世間で天佑神助などと申すものとはちがって、非常にありがたい崇高深遠なものであるというわたくしの信念を申したいと思ったのであり、わが天皇陛下が天佑を保有あそばされることは、わたくしども国民の絶対の信念であること申すまでもありません。

議会の運営は、どうやら軌道に乗ったが、このあとにまた難題が控えていた。戦時緊急措置法という法律は、見方によっては行政のいっさいを政府の独裁に委任するといってもいいすぎではないほどの委任立法だから無理もなかった。衆議院でも貴族院でも大もめにもめた。問題になった点は、憲法第三十一条の規定をめぐってである。政府は憲法第三十一条の「本章（第二章臣民権利義務）にかかげたる条規は、戦時または国家事変の場合において、天皇大権の施行を妨ぐることなし」という規定によって、いわゆる天皇非常大権の発動をすればよいのであって、こんな法律を制定するのは、政府の責任を議会に転嫁しようとするものではないかという主張である。これに対し、政府は議会が召集できる今日においては、議会に法案を提出して委任を受けるほうが憲法の精神にかなうという見解をもっていた。すったもんだのあげくに一部を修正することになったが、そのためには、もう一日会期を延長しなければならなかった。

会期の再延長をめぐって、十一日の夕刻から臨時閣議を開き、善後策を講じたが、閣僚の意見はまちまちだった。左近司国務相が再延長絶対反対をとなえれば、米内海相がこれに同調する。東郷外相は、このくらいの問題で議会がまとまらなければ、対外的に信用を失ってしまうと主張した。小日山運輸相は、一部の字句を訂正するだけで、あとは否認せよと総理に迫るありさま。この小日山案には、石黒農相と豊田軍需相が賛成し、総理も同じ意見だといった。

甲論乙駁《こうろんおつばく》、閣議はなかなかまとまらなかった。途中で休憩の時間をとったが、その間、米内海相は海軍出身の八角三郎議員を呼んでいろいろ相談した。

「もう、こうなったら、議案なんか成立しなくてもかまわないから、会期を延長しないで閉会にしたほうがよい。内閣さえその気になれば、さっさと切り上げることもできる。八角君、島田議長を呼んできてくれないか。わたしが議長に直接会って閉会の打ち合わせをするから……」

こうして米内海相と島田俊雄《しまだとしお》衆議院議長は大臣室で会い、閉会についての最後の打合わせをしていた。閣議が再会されたとき、米内海相は、まえにもまして強い調子でこう発言した。

「総理をはじめ、みなさんは小日山運輸相の案を最低線にして委員会へのぞむつもりのようだが、そんなことをしていたら、時間がいくらあっても足りない。会期の再延長も避けられなくなる。その間にどんな事件が起こるかもしれない。相手の出方をみていると、法案の修正にことよせて内閣をゆさぶってくるのはまちがいない。そんな事情がわかっていながら、みすみすかれらの手に乗る必要はないではないか」

米内海相辞意をほのめかす

他の閣僚たちは小日山案で進むことを主張したが、そのときのもようを左近司国務相はつぎのように記している。

米内海相は、首相が小山議員から反逆者とまで罵倒されたので、すっかり腐っていた。よほど腹が立ったのだろう。「だから、いわんこっちゃない。このありさまは何ごとか。こんな議会を相手にしていては、われわれの主張を通すことは望めないから、断固として解散しようじゃないか」といっていた。豊田軍需相も同じ意見だった。そこでわれわれはよってたかって「そこまで性急にやらないで、なんとか議会を切り抜けようじゃないか。ギャア、ギャアいうやつにはいわしておけばいいじゃないか。かれらのなかにも識者はいるのだから、なんとか議会をパスするように善処しよう」と慰撫した。海相はよくよくしゃくにさわったとみえて「みなさん、そんならそうなさい。わたしはわたしで善処するから。といって、みなさんにはご迷惑をかけませんよ」とたいへん厳粛な顔をしていった。海相は妙なことをいうと思った。辞職するつもりではないかと考えた。というのは以前ににがい経験をしていたからである。かつて米内内閣がつぶれるとき、畑陸相が突如辞表を出したのを思い出した。海相はみなさんには迷惑をかけないといったが、へたをすれば内閣がつぶれるような事態も起こるので、みんなあわてた。

米内海相のこの発言をきいて、真実、わたしもおどろいた。もし、米内海相から辞表が出されたら、鈴木内閣は閣内不統一ということで総辞職しなければならなくなる。そうなれば、組閣以来われわれが積み重ねてきた数々の努力は水泡に帰してしまう。心配なので、わたしは総理のところへ行き、たずねた。

「困ったことになりました。どうしたら、よいでしょうか」

総理は平然としていた。顔色一つ変えないで、こういった、

「心配することはない。米内君がやめるようなことはありません」

結局は小日山案が支持され、会期はさらに一日延長された。午後八時三十分から、委員会の審議が再開され、戦時緊急措置法案の第四条にある「報告」という字句を「諮問」に改めるだけの修正で可決し、その夜のうちに衆議院の本会議を通過した。

それでもなお米内海相は釈然としないようすである。夕方からの臨時閣議で、阿南陸相は終始沈黙を守っていた。米内海相が辞職をほのめかしたときでも、みずからの意見をのべようとはしなかった。十二日の午前零時をすぎて、閣僚たちがグッタリしているとき、ただひと言だけいった。

「きょうは夜もふけたので、みんな帰って、あすの朝までによく考えてこようじゃありませんか」

このことばをしおにそれぞれ帰って行ったが、左近司国務相はわたしにこんな話をした。

「米内の態度は気になるが、閣議でいちおうの会期延長をきめたことだし、ひと晩眠れ

ば、気持ちが変わるかもしれない。わたしはいまから米内を慰めに行ってもよいが、もう夜なかに近いので、あしたの朝にするつもりだ」

翌十二日の早朝、左近司国務相邸へ陸軍省の若い将校が訪ねてきた。前夜、帰宅が遅かったので、同相はまだふとんのなかにいた。中佐の階級章をつけたその将校は、阿南陸相の使いの者だといって、一通の手紙を家人に手渡して立ち去った。あて名は「左近司政三国務大臣殿」となっており、封筒の裏に書いてある差出し人の名前は「陸軍大臣阿南惟幾」となっていた。自筆の手紙である。左近司国務相が開封してみると、つぎのような内容がしたためてあった。

前略。昨夜の米内海相の一件は、こと、きわめて重大だ。このさい、もし海相が退却されるような決意をされるならば、前途は暗澹として収拾すべからざる事態に陥るおそれがある。なんとしても思いとどまってもらわなくては困る。じぶんは、直接海相に会って翻意してもらおうと思っている。きょうは臨時閣議が開かれるので、その席上で伝えるつもりだが、あいにく天皇陛下のおともをしていかなければならないところがある。それからもどってでは少し遅くなって、間に合わないかもしれない。それで、じぶんの意のあるところを海相に伝えて、ぜひとも諫止《かんし》してもらいたい。

手紙を読み終わった左近司国務相は、ぐずぐずしてはおられないと思い、すぐ車をとばして海軍省へ行き、米内海相に会った。

「けさ、阿南からこんな手紙をもらった」

そういって、くだんの手紙を差出すと、これを受け取った米内海相は、黙読していたが、たったひとこと、こういった。

「ふうむ。そうか」

このあと、吐き出すようにことばをつけ加えた、

「もうダメだ。鈴木さん、タガがゆるんできた。しっかりネジを巻いてやらなければいかん。総理がボヤボヤしているから、議会であんなことになってしまったんだ。もう一本とられたらたいへんだ。だけど、阿南がこんなことをいってきたのか。感心だな」

そのうち、豊田軍需相も海軍省へやってきた。豊田軍需相も左近司国務相と同じように米内海相の翻意をうながしにきたのだ。三人で話合った結果、米内海相は辞職をあきらめた。そのかわり、総理のところへ三人で行ってネジを巻こうということになった。

首相官邸へ着くと、米内海相は鈴木総理の顔をみるなりいった。

「きのうはたいへんなことをいいましたが、なにも辞職しようというのではありません。しかし、議会のあのありさまはなんですか。みんなで力を合わせて強硬突破いたしましょう」

この光景を左近司国務相が手紙の主である阿南陸相に伝えたのは、もちろんのことである。

これで鈴木内閣の肝を冷やさせた米内海相の辞職問題はケリがついた。わたしは、各閣僚が総理の意のあるところを汲み取って、みんなで盛りあげようとしているのが手にとるようにわかって、うれしかった。

荒れもようだった第八十九臨時帝国議会はいろいろな人の誠意と努力で、戦時緊急措置法などを成立させ、六月十二日に無事幕を閉じた。

第四章　日本を取巻く内外の情勢

最後の決戦を挑んだ連合艦隊

米軍がはじめて沖縄へ上陸を開始したのは、昭和二十年四月一日で、鈴木内閣が親任式を行なうちょうど一週間前だった。

鈴木総理が組閣のために東奔西走していた四月六日、海軍は沖縄周辺にいる米国の艦隊に対し最後の決戦をいどんだ。連合艦隊司令長官の豊田副武大将は、そのころ残っていた艦艇を集めて第一遊撃隊を組織し、沖縄海域への特攻突入を命じた。いわゆる菊水第一号作戦である。戦艦武蔵とともに海軍が誇っていた六万四千トンの巨艦「大和」は、巡洋艦「矢矧《やはぎ》」ほか八隻の駆逐艦にまもられ、出撃した。「大和」は山口県の三田尻港から出て行ったが、南下をはじめてまもなく、豊後水道ではやくも敵の潜水艦に発見された。それでも連合艦隊司令長官の命令とあれば、沖縄海域へ出かけなければならない。翌七日、宇垣纏《うがきまとめ》中将のひきいる海軍航空隊の護衛のもと、さらに南下をつづけた。その日の昼すぎ、アメリカの航空戦隊はスプールアンス大将の指揮する航空母艦群から飛び立ち、鬼界ヶ島付近で「大和」を発見した。二百機ないし三百機をかぞえる敵の爆撃機、戦闘機が執拗に襲いかかり、二時間あまりも攻撃の手をゆるめなかった。午後二時三十三分、ついに「大和」は海の底に沈んだ。

他方、陸軍も本土決戦を必至の情勢とみて、四月八日、第一総軍、第二総軍および航空総軍の戦闘序列をきめ、それぞれ司令官を任命した。第一総軍は鈴鹿山脈より東全部を担当することになり、司令官には杉山元元帥があてられた。鈴鹿山脈より西のほうはすべて第二総軍に属し、司令官には畑俊六元帥が就任した。東京に本拠をおく航空総軍の司令官には安田武雄《やすだたけお》中将が任命された。これらの総軍司令部が発足するにさいして、杉山元参謀総長と及川軍令部総長との間に本土防衛のための作戦協定が結ばれた。その内容はつぎのようなものである。

一、陸軍はつとめてその兵力を統合運用し、短切、かつ、機略に富む邀撃《ようげき》作戦を実施し、もって敵の大型機による本土空襲作戦を破摧《はさい》するようにつとめる。海軍はこの作戦に協力する。

二、陸海軍が協力して、敵の大型機が所在する重要な航空基地、とくにマリアナ、硫黄島および沖縄方面に対する奇襲制圧につとめる。

三、陸海軍が協力して、本土の主要港湾に対する機雷封鎖の制圧につとめる。

切り札ともいうべき戦艦「大和」を失って、海軍の戦闘能力は事実上潰滅していたが、それでもなお、豊田副武連合艦隊司令長官は、四月九日、つぎのような総攻撃命令を出した。

一、諸情報を総合するに敵には動揺のきざしありて戦機はまさに七分三分の兼合にあり。

二、連合艦隊はこの機に乗じ、指揮下いっさいの航空戦力を投入、総追撃をもってあくまで天号作戦を遂行せんとす。

この命令を受けた連合艦隊は、四月十二日と十三日の二日間にわたり、特攻機二百二機をふくむ三百九十二機をくり出して、決戦をいどんだ。戦果は敵の各種艦船四十七隻を撃沈したと報ぜられたが、戦後発表されたアメリカ軍の資料によると十七隻とされている。ただ、このときの日本軍の攻撃がどんなにすさまじかったかは、四月十七日、アメリカの第五艦隊司令長官スプールアンス大将が太平洋艦隊司令長官のニミッツ元帥あてに具申したつぎのような意見書をみればよくわかる。

「敵（日本軍のこと）の特攻攻撃の手練と効果、それによって受けるわが艦隊の喪失と損傷はこれ以上の攻撃を食いとめるため、とり得るあらゆる方法を講じなければならない段階に到達した。使用し得るすべての航空機で九州および台湾の飛行場を攻撃することを進言する」

また、沖縄作戦に従軍したニューヨーク・タイムス紙のハンソン・ボールドウィン軍事記者はつぎのように報道している。

「敵機の攻撃は昼も夜も絶えたことがない。沖縄慶良間の錨地は損傷した船で埋め尽くされ、太平洋いたるところ、ビッコをひく艦船の列が東へ、東へと進むのがみられた」

このしらせは米内海相から鈴木総理および東郷外相らにも伝えられた。ここで、もし、日本軍が沖縄奪還の機をつかむことができたら、活発な外交手段がとれるものと思い、政府も軍部も一時は生色をとりもどした感があった。鈴木総理は、四月二十六日、沖縄の現地軍将兵および一般国民に対し、その健闘を感謝する旨の談話を発表した。

沖縄全戦域に一致団結して、全員必死特攻、敢闘せらるる将兵各位ならびに官民諸君、わたくしども一億国民は、諸子の勇戦奮闘に対し、無限の感謝をささげている。日々相ついで報ぜらるるかくかくたる戦果こそは、国民がひとしく身をもって感ずる大いなるよろこびである。しかしながら、そのよろこびのかげには、あの特攻隊諸士が大君の御楯となり、欣然として大艦船に突入していく神々しい姿やあらゆる科学兵器を利して、上陸しきたった敵の大軍に敢然斬りこみを断行せらるる陸上部隊の壮烈なる姿を思い浮かべ、ただただ感激を覚えるばかりである。

二十一日の放送により、特攻隊としていでたつ勇士諸君がその出発直前においてかくも凛然《りんぜん》としてマイクの前に立ち、全国民に対し、最後の別れのことばを残して行かれたのをわたくしはしかとこの耳でおききした。わたくしどもがこの皇国に生まれたよろこびをしみじみと感ずるとともに沖縄に戦う諸君の忠勇無比なる敢闘に対し、心からなる感謝をささげるのである。

沖縄にある全軍官民諸君、不肖わたくしはこのたび大命を拝し内閣を組織して肇国以来もっとも重大なるこの難局にあたることとなった。わたくしのただ思うところは、大詔を奉じ一億国民ともどもに一致団結し、大東亜戦争を最後まで戦い抜き、米英の野望をあくまで粉砕し、もって大御心《おおみこころ》を安んじたてまつらねばならぬということである。いまや、本土の一角にたどりついた敵に対し、諸君の敢闘を期待するとともに不肖わたくしみずからも一億全国民の先頭に立って、戦争一本の旗じるしのもとに総攻撃を敢行する所存である。

いまや一億国民は連日の空襲にも断じてひるまず、その職域にあって沖縄における戦いに相呼応して、夜を日についで戦力の増強につとめつつあるのである。敵の暴虐なる無差別爆撃により、帝都をはじめ大都市は相当の被害を受けたが、家を失い、財をなくした人びとは、そのためかえって士気ますますあがり、敵を撃滅し、もってこの仇にむくいようと烈々たる気迫をもって、生産に従事しているのである。ここにわたくしは日本人の尊き強さをみるのである。さる四月十三日の夜半から十四日にかけての東京空襲の夜、じぶんの家の周囲も火の海と化したが、その、雨と降る焼夷弾《しょういだん》を踏み越えながら、じぶんの頭にふと浮かんだことは、沖縄で健闘せらるる諸君の愛国の至情に燃えた尊い姿であった。いまや、前線銃後の別はない。前線銃後渾然一体《こんぜんいったい》となって、戦闘に、生産に、ただただ決死敢闘あるのみである。

ねがわくば、沖縄の戦域にある諸君、この一戦に皇国の興廃をになって健闘せらるる軍官民各位、すでに洋々たる戦果が日を追うてあがりつつある。また世界のいずれの国もまねのできない日本精神の権化とも申すべきわが肉弾による特攻兵器の威力に対して、敵は恐慌をきたしつつある。こんご着々として行なわるべき日本独特の作戦に対し、敵の辟易《へきえき》することは火をみるよりも明らかであって、わたくしは諸君がこの神機をつかみ、勝利へのカギをしかと握らるることを期待してやまない。わたくしども本土にある国民もまた、時きたらば一人残らず特攻隊員となり、敵に体あたりをし、いかなる事態にたちいたろうとも、絶対にひるむことなく、最後まで戦い抜いて、終局の勝利を得んことを固く決意している。くりかえして申すが、沖縄戦に打ち勝ってこそ、敵の野望は挫折せられ、戦局の打開をみることとなるのである。わたくしもこの老軀をさげて、諸君に負けず、生死を超越してご奉公の誠をいたさんとするものである。くれぐれも沖縄の諸君のご健闘を祈って、わたくしの放送を終わりたい。

沖縄守備軍ついに全滅す

沖縄の守備軍は、四月二十九日、最後の攻撃を決意したあと、五月四日に全兵力を投入して決行したが、戦況がうまくつかめなかったのとアメリカ軍の砲撃にさえぎられて、かえって損害を大きくしたので、翌五日には攻撃を中止した。その後は島内に散在する陣地にたてこもりながら持久戦による抵抗をつづけたが、もはや、積極的な攻撃力は残っていなかった。

それでも、五月二十三日の夜、義烈空挺隊が内地の特攻基地を飛び立って、北、中の両飛行場へ強行着陸を果たし、数日間、敵をして飛行場使用を不可能にするという奇襲戦闘をくりひろげた。陸軍としては、このとき後続の増援部隊を送りこむ手はずをととのえていたが、天候が悪く実現しなかった。このため、陸軍はとうとう沖縄戦を断念した。

ただ、海軍だけは思い切ることができないで、依然として特攻攻撃をくりかえしていた。六月に入ると、沖縄にいる守備軍はいよいよ圧迫されて、太田《おおた》［実《みのる》］少将のひきいる海軍地上部隊は六月十三、十四の両日、全員突撃を敢行した。太田少将およびその幕僚たちは十三日に自決した。陸軍の残存部隊も六月十七日ごろには絶望的な状態に陥った。そこで、第三十二軍司令官牛島満《うしじまみつる》中将は各方面に別れの電報を打ち、二十三日の朝、海岸に面する坑道陣地の入り口で、参謀長の長勇《ちょういさむ》中将とともに自刃して果てた。アメリカ軍が沖縄本島に上陸して以来、八十三日間にわたる死闘はついにピリオドを打つときがきた。大本営は六月二十五日、沖縄作戦は終わったと発表した。翌二十六日、鈴木総理は内閣告諭を発するとともにその日の夜には、告諭の趣旨をとりまとめてつぎのようなラジオ放送を行なった。

沖縄本島における皇軍守備隊が寡勢《かせい》をもって孤軍奮闘することここに三か月真に言語に絶する奮戦によって敵に戦慄すべき大打撃を与えたにもかかわらず、刀折れ弾丸尽き、事態はきわめて困難なる段階に到達したものと認めざるを得ざるに至ったことは、まことに残念至極である。ご軫念《しんねん》のほどを拝察したてまつり、深く恐懼にたえざるしだいである。

この間、皇軍は海空よりその全力をあげ、連日にわたり特攻につぐ特攻をもってこれに協力し、陸海空真に一体となり、あたう限りの力を尽くし、その真価を発揮したものであって、なんら悔ゆるところはないのである。のみならず、この戦闘において敵に与えた打撃は、実に甚大なるものがあった。すなわち、敵の損害は、兵員においてはわれに数倍し艦船においてはわれに十数倍し、さらに精神的打撃においては真にはかり知るべからざるものがあって、その作戦遂行に齟齬《そご》をきたしむるに足るものがあったのである。この意味において、わが軍の守備はついに成らなかったとはいえ、敵の戦意をくじくうえにおいて、実は勝利を得たと申してよいのである。わたくしはあらためて守備隊将士ならびにこれに呼応して作戦せる陸海空の皇軍将士のかくかくたる武勲に対して、衷心より感謝をささぐるものである。さらにまた、この皇軍をたすけ、一死国難に殉じた沖縄同胞の至誠に対しては、感激のほか申すべきことばもない。

国民諸君、われわれはいまこそ真に苛烈《かれつ》なる鉄火の試練を受くべき秋《とき》に直面するにいたった。敵の物量をたのむこの驕慢なる反抗は、こんごさらに熾烈《しれつ》となり、あるいは、あらたなる本土侵寇《しんこう》をも予期せざるを得ないのである。一方空襲の激化についてもこんごいっそう覚悟を固めねばならぬ。いまやわれわれは、帝国の存亡を決すべき、重大なる時局に当面したのである。もとよりわが方には、優勢にして忠勇なる皇軍将兵が厳然と控えている。まさに天に冲《ちゅう》するの気慨をもって驕敵殲滅のため、万全の態勢を着々ととのえつつあるのである。敵いかにわれに驕《おご》りわれをあなどるといえども、わが本土侵襲は、そのきわめて容易ならざるものあるを知ると確信する。また、こんごいかに暴虐苛烈なる敵の空襲反覆せらるるも、われわれは彼のラバウルにおける戦訓をよく身に体し、本土の地形を極力活用し、洞穴をうがって、もって生産の強化、確保をはかり、戦闘的国民生活の確立につとむるならば、空襲は断じておそるるに足らない。

一億の同胞諸君がことごとく協力一体となり、決然立って国土防衛、醜敵撃攘の心《しん》魂《こん》に徹して、防衛に、生産に死力を傾注するとき、勝利への道はおのずからひらかれるのである。われに一億の結束あるならば、いかなる事態にたちいたろうとも、微動だにすることはないのである。

国民諸君、戦いはますますはげしくなってまいる。いまぞ、軍、官、民こぞって戦いのまっただなかにあるの気持ちをもって全生活、全努力をただ敵と戦い、敵に断じて勝つの一点に集中すべく工夫、精進しようではないか。目下、全国全土をあげて国民義勇隊が結成せられつつあるゆえんも、一にここに存するのであって、義勇隊はその名の示すごとく一旦緩急あるに際し、身、みずから発奮し、進んでおおやけに奉ずるがための国民組織である。一億国民が隊伍斉々《せいせい》一死もって君国にむくいんとして、職域に、戦場に進撃するありさまを思うとき、何人《なんびと》か勝利の確信、心身に充満するを覚えない者があろうか。わたくしは今回の沖縄戦を契機として、全国の国民義勇隊がいちだんとその組織を強化せられ、すみやかにその真価を発揚せられんことを切望してやまない。今日、もはや、われわれ個々日本人の生死は問題ではないのである。一身を皇国にささげて、悠久の大義に殉じ、大日本帝国の光栄と歴史をまもりぬいてこそ、日本臣民としての本懐は達せられるのである。

国民諸君、戦いは断じて勝つ。われわれの戦いは世界に比類のない正義の戦いである。戦いがいかに長期にわたろうとも、また、いかなる危急困難が迫ろうとも、われわれはよく耐え、よく闘い抜いて最後の勝利を獲得し、もって聖戦の目的を達するのみである。敵は物量をたのみ、無謀かつ無意義なる戦いをつづけ、いたずらに死傷を日に日に算している。もとより敵の物量には限りがある。ことにその人的損害にいたっては、もっとも彼の痛手とするところである。日本人がよく長期戦にたえ、最終の勝利を得るやいなやは、かかってわれわれの覚悟と努力に存するのである。政府においても、国民諸君の陣頭に立ってひたすら緊要なる施策を神速果敢に実行し、もって国民諸君の要望に添いうる決意を固めている。ここに国民諸君の烈々たる士気に信頼し、ともに聖戦を完遂し、もって聖慮を安んじたてまつらんことを固くかたく期するしだいである。

ドイツ屈服後の措置要綱決まる

沖縄作戦が苦境に追いこまれているとき、ヨーロッパ戦線では、ドイツ軍が最後の日を迎えようとしていた。

　四月十九日、モスクワからの報道によると、ジューコフおよびコーネフ両元帥のひきいる両軍団は、オーデル、ナイセ両河の渡河作戦に成功しドイツ軍の戦線を突き破った。二十六日、ベルリンはソ連軍によってまったく包囲された。西部戦線でもドイツ軍は苦戦をしいられていた。三月下旬、米英の連合軍はライン河ぞいのレマーゲンの橋頭堡《きょうとうほ》をひろげ、ボンからコブレンツにいたる幅五十キロの地区を確保し、ベルリンへ向かって進撃をはじめた。四月二十九日、エルベ河畔では、ソ連軍と米英の連合軍とが手を握り、ベルリンの陥落を確実なものにした。この日、ヒトラーは総統の地位をデーニッツ元帥にゆずり、みずからは自殺した。五月二日、七万をかぞえるベルリン防衛軍は、刀折れ、弾丸尽きて、ソ連軍に投降した。各地に散在するドイツ軍も相ついで降伏し、五日に海軍が降伏したのを最後にドイツ軍の抵抗はまったく終わった。八日にはデーニッツ総統のひきいるドイツ政府がアイゼンハウワー元帥の要求に応じて無条件降伏を受けいれた。イタリアのムッソリーニはゲリラ部隊に捕えられ四月二十八日に処刑されていた。これでドイツとイタリアは完全に敗れ去り、連合軍は力をあわせて日本に迫る態勢をとりはじめた。ドイツの敗北が必至とみられるようになった四月二十日、最高戦争指導会議は「ドイツ屈服の場合における措置要綱」をつぎのようにきめた。

一、方針

ドイツ屈服の場合においては、国内的動揺を抑制するごとく指導措置するとともにいよいよ一億鉄の団結のもと、必勝を確信し、皇土を護持して、あくまで戦争完遂を期するの決意を新たにするものとす。

二、対外措置

①防共協定、三国条約および三国協定など、日独間いっさいのとりきめは適宜措置す。在東亜のドイツ官民およびその権益については、寛大なる措置をなすこととし、別途にこれを定む。

②すみやかに対ソ施策の促進につとむ。

③大東亜諸国に対しては、あらゆる手段を講じ、その動揺を防ぎ、対日協力を確保す。

④米英ソの離間を激化し、米英の戦意を喪失せしむるごとく、巧みに宣伝、謀略を実施するにつとむ。

三、対内措置

①一億特攻の戦いに徹し、必勝施策の急速な具現をはかる。

②帝国は大東亜戦争の戦争目的の本義に基づき、大東亜諸国を結集し、あくまで戦争の完遂に邁進すべき旨闡明《せんめい》す。

③世論指導にあたっては、独逸屈服により敵の反攻さらに熾烈化すべきをもって、

一層覚悟を強くすべき要あることを明らかにする。ソ連に関する報道上の指導は、外交上の施策と吻合《ふんごう》せしむること。

④反戦ないし和平的気運擡頭のおそれあるをもって、このさい、言論および策動に対する取締まりを強化す。また海外よりの各種謀略策動に対する警戒取締まりを厳にす。

この措置要綱は、一見、盛りだくさんにみえるが、内容をよく検討してみると、具体化のむつかしいものばかりだった。したがって、実施に移されたのは、言論報道取締まりの強化と防共協定および三国条約の廃棄くらいなものであった。

当時を振り返りながら、東郷外相は、その著『時代の一面』のなかで、つぎのようにのべている。

独逸の戦局について、伯林《ベルリン》の大使館からは、西方防壁の強固とか、独逸将士の士気衰えずとの電報があったが、東西よりする連合国側の進撃と熾烈を加えた空襲とによって、その勢いは日々に蹙《ちぢま》る状況にあったので、四月末日ナチ政権の崩壊は驚愕に値しなかった。五月初頭、デーニッツ政権も無条件降伏のやむを得ざることになったので、在京スターマー独逸大使から、独逸の事情につき種々陳弁するところがあったが、自分はその条約違反を指摘して、防共協定をふくむ一切の条約を廃棄すると決意し、所要の手続きをとった。而して、独逸の崩壊に伴うて、米英の攻撃が日本に集中するのみならず、ソ連が東方に進出する可能性が激増したので、国際関係の全局につき検討を加うることが必要となったが、わが方の戦局は沖縄方面の敗北も明らかとなり、頽勢《たいせい》の挽回は到底望み得ざるところとなったので、自分は独逸崩壊の機会において、なおわが方が幾分なりと余力を有する間に戦局を収拾するよう指導し、上下各方面にその気運を醸成《じょうせい》するように努めた。すなわち、四月なかば以来、独逸情勢の悪化激増に伴うて、その事情を陛下にも説明申し上ぐるとともにわが方に対する空襲も激化して来るので、戦争は急速に終結するを得策とする状況にありと申し上げた。陛下は「戦争が早くすむといいね」とのおことばであった。

閣僚のなかには東郷外相の考えと同じように一日も早く終戦へもっていきたいと念ずる人がほかにもいた。石黒農相などは和平への急進論者であった。その著『農政落葉籠』のなかにつぎのような一文がはさまれている。

ドイツが降伏した以上、われわれとしては束縛されることはどこにもない。それゆえにここで和議を申し込んでも少しもさしつかえないがどうだろうと考え、一、二の者に話したことがあるが、それに対しては時期でないというので、閣議はなんらの議論もなくすんだ。最近の外交および軍事関係のことはよく知らないが、あれほど終戦を考えていた東郷外相がなにもいわなかったけれども、やはり、一つの考えるべき時期ではなかったかといまに思われる。

大きなショックを受けた閣僚たち

口に出してこそいわなかったがドイツの敗北は日本の為政者たちに大きなショックを与えた。情報の総元締めであった情報局総裁の下村宏国務相などは悲観論者の急先鋒で、その著『終戦記』には、つぎのような文章が記されている。

わが敗戦の運命はここに絶対不動となった。すべては時の問題であり、いつ、いかにしてこれを収拾すべきか、こんごいかにして時局を収拾するチャンスがあり得るか、またこれをとらえ得るか、われらは沖縄ではせめて、どこか部分的でもよい、どうか勝ちいくさをと日夜心待ちに待っているばかりであった。五月九日の臨時閣議において、まず、政府は声明すべきやいなやにつき論議あり、幾多の意見が開陳されたすえ、声明案が修正可決された。四月十五日の閣議には、各種の対独伊条約などの失効につき付議された。日本はいままで独逸によりあまりにも引きずられ、振り回されてきた。独逸に対する態度が甘すぎるという見地から、幾多の意見があり、また、ことここに至る。まさしく重大決意を要するという主張もあり、過去より将来にわたり、いろいろ論議があった。さらに三国条約締結に対する責任についての論議まで重ねられしことを、ここに特記しておく。

鈴木内閣実現のカゲの立て役者である内大臣木戸幸一は『木戸日記』のなかにこう書きつけている。

独逸が降伏するまでは、日本としては、独逸と単独不講和条約を締結している関係からいって、国際信義上、陛下が平和を提議になることは、たとえ実質的にはその時期がきているとしても、日本の出方一つで世界は平和になるか、ならぬかであるから、このさい、陛下のご決意あることは、まことに望ましいことであると考えていた。

世界中で日本だけが孤立を余儀なくされる情勢のなかで、各人の思惑はそれぞれの胸のなかで揺れ動いていた。ある意味では、日本国内で危機感が絶頂に達したときでもあり、同時に和平への願ってもない機会ともいえた。鈴木総理の気持も終戦へ傾いていた。

鈴木総理はその著『終戦の表情』のなかにつぎのように書きつけている。

ドイツ降伏後にくるものは、ソ連邦をも加えた連合国のわが方に対する圧力である。ソ連邦はすでに四月上旬、日本に対して従来の日ソ中立条約を廃棄する旨通告してきている。もし、ソ連が参戦するとなったら、さらでだに終戦の機をつかもうとする努力もその機会は遠のいていくことになる。

鈴木総理がソ連を仲介役として和平への工作に乗り出したときの心境は、このようなものだったが、ドイツ崩壊さなかの五月三日、ラジオを通じて、つぎのような首相談話を放送した。

すでに諸君の知らるるとおり、ドイツの戦勢きわめて不利となり、ヒトラー総統死去の報もあるが、ドイツは帝国と同盟の関係にあり、米英は共通の敵であったから、この事態は帝国国民として遺憾とするところである。ドイツ国民の今日まで五年有半にわたる敢闘と犠牲に対しては、深く同情の意を表するものであるが、かえりみて帝国国民としては、ここにあらためて重大なる決心をする要ありと信ずる。帝国の戦争目的は、すでに宣戦の詔書におおせられているとおり、まったくの帝国の自存と自衛に存するのである。帝国はその存亡の危機にさいして、最後の手段として武器をとったのであるが、しかも帝国の保全をおびやかす米英は、同時に永年にわたる東亜諸国の侵略者であった。すなわち、帝国の保全と東亜の解放とは本来同一のことであって、この意味において、帝国と東亜諸国とはまったく同一の戦争目的を根底として結ばれた関係にあるものといわねばならぬ。

帝国の東亜における地位と責任とは、ドイツ今回の情勢によって困難の度を加うることになった。しかしながら、わが戦争目的が大東亜、ひいては世界において、道義にもとづく共存共栄の秩序を建設せんとする人類正義の大本に立脚するものであるから、欧州戦局の急変によって、わが国民の信念はいささかも動揺するものではない。もとより、大東亜戦争を完遂すべき帝国政府の決意にいたっては、いよいよ固きを加うるのみである。いまや金甌《きんおう》無欠の皇国と大東亜諸国とを永く外敵の蹂躪から救うべき未曾有の重責は、実にわたくしどもの双肩にかかっているのである。わたくしはこの非常のときにおいてこそ、一億同胞一人のもるるところなく、真に日本人たるの血脈をたぎらせ、親和団結、もって驕敵を撃砕し尽くすの覚悟を新たにせらるべきことを信じて疑わない。

われわれには万全の備えがある。陸海空一体の作戦の妙がある。さらに捕捉すべき神機必ず到来すべきを確信する。而して、艱難《かんなん》その人を玉にするがごとく、いかなる祖国の難局もこの忠誠の一念に燃えたつ国民の存するところ、必ずや天業を恢弘《かいこう》するの途が存するのである。いうまでもなく、わたくしはすべてをささげて戦い抜く覚悟である。国民諸君もまた前線における特攻勇士のごとく、一人もって国を興すの気迫と希望とをもって勇奮邁進せられたいのである。聖天子おわしまし、祖宗の神霊上におわします。今回の欧州の変局は、われにとって決して予想せられざりしものではなかったのであるが、わたくしはこの機において、わが必勝の信念を中外に向かって重ねて表示せんとするものである。

皇居炎上に涙を流した首相

鈴木内閣が成立してから一週間もたたないうちにB29による東京大爆撃が行なわれた。それまでに東京が受けた爆撃の被害は、三月十日未明のものが最大だった。旧二十三区の市街地の大半は焼き払われ、首都の機能はマヒ寸前の状態にあった。四月六日からはじまった組閣の間でも鈴木総理を中心とする本部の連中は、しばしば空襲警報に悩まされ、再三、再四、防空壕のなかへかけこむというありさまだった。四月十三日に来襲した敵機は、日本がすでに制空権を放棄したと判断したのか、執拗な爆撃をくり返し、残っていた首都の施設を根こそぎにするようなあばれ方をした。はっきりした数字はわからないが、三月九日夜から十日未明にかけての空襲にくらべて数倍の爆撃機を送りこみ、文字どおり完膚なきまでに東京の街をたたいた。国民は、戦争の危険がいよいよ身辺に迫ってきたことを知らされた。

国内の情勢は重大な危機に直面していた。四月十三日夜の大空襲では明治神宮が焼け落ちた。国民の敵愾《てきがい》心はいやがうえにも燃えあがったが、反面、いよいよきたるべきものがきたという一大決意を迫られたことも事実である。

米軍機の日本本土爆撃は、日を追ってはげしくなり、東京、横浜、大阪、神戸などの大都市はもとより人口四、五万の小都市へもおよんだ。被害は大きくなるばかりで、鈴木内閣の行政事務は、住居の調達、罹災者の援護、疎開荷物の輸送などが大部分を占めていた。いわば、空襲の被害に対する善後処理だったといってもよい。

五月に入って、下旬の二十三、二十五の両日、東京はまたまた大空襲を受け、ほとんどが焼け野が原になった。二十五日の空襲では、皇居の森にも爆弾が落とされ、宮殿が炎上した。不幸中の幸いで、両陛下の身辺はご安泰だった。

このとき、鈴木総理は、首相官邸のなかに掘られていた防空壕のなかで報告を受けたが、皇居が燃え上がっているときいて、すぐ、壕の外へ出た。官邸の周辺には、まだ、煙がたちのぼり、ムンムンするような熱気がただよっていた。官邸の屋上へのぼった総理は、皇居のほうに向かって、身じろぎもせず、立ちすくんでいた。報告どおり、皇居の森はさかんに炎をあげていた。屋根が銅板でふかれていたせいか、その炎の色には一種異様なものが感じられた。わたしは鈴木総理のおともをして、そのすぐかたわらに立っていたが、総理はかなり長い時間背を曲げて皇居のほうを遥拝していた。ときおり、目がしらを拭っていた総理の姿が印象に残っている。このとき鈴木総理は当時進行していた和平への道を一日も早く達成しなければならないと胸底深く誓ったにちがいない。それより少しまえ、首相官邸も焼夷弾の雨を浴びた。わたしは総理を防空壕へ案内したあと、すぐ官邸内の書記官長室へ引き返し、窓越しに外のようすをうかがっていたが、焼夷弾の落下するさまは、ほんとうに火の雨を浴びるという表現がぴったりだった。官邸の本館は、本格的な防火建築物だったので、窓ガラスが焼けてこわれないように内側から水をかけながら、どうにか焼失をまぬがれたが、総理の居間である日本館やわたしが住んでいた書記官長官舎、その他の職員が住んでいた付属官舎などは、すべて焼け落ちた。官邸の周辺に住んでいた人たちは、みんな官邸内の防空壕に待避していたのでことなきを得た。

わたしは書記官長に就任してまもない四月十三日の空襲で自宅を焼き払われた。その日から、官邸のすぐ脇にある書記官長官舎に住むようになった。その官舎もとうとう焼け落ちた。わたしはいっさいの家財道具を失い、着るものといえば着古した国民服一着しかもっていなかった。以後、わたしは、首相官邸のなかにある書記官長室に急造の仮ベッドを持ちこみ、ひとりで生活することにきめた。老母と五人の子供は、家内が引きつれて新潟県へ疎開した。

決まっていたソ連の対日戦参加

政府は、六月はじめから広田弘毅元首相をわずらわせて、ソ連のマリク大使との接触をはかっていたが、東郷外相は、実のところ、ソ連をあまり信用していなかった。六月下旬、鈴木総理は、ソ連を仲介役として和平工作に入る方針を公式に決めたが、そのときでさえ、東郷外相はわたしにつぎのような話をしたことを覚えている。

「日本がほんとうに和平を考えるなら、ソ連に仲介をたのまないで、米国と直接交渉するのがいちばんよい。軍の連中は、米国に対して直接和平の話を切り出すと、無条件降伏を強制されるということを恐れているのであろうが、もし、仲介者を立てるならば信用のおけないソ連に話をもっていかないで、中国の蔣介石などにたのんだほうがよいと考えている」

ところが、軍部には軍部の思惑があった。ソ連に仲介役をたのめばこれまでの日ソ関係が少しでも友好的になりソ連が大東亜戦争に介入することを回避する効果もあるだろうと考えていた。

わたしが、内閣参事官として勤務していた小磯内閣の時代にも、戦争終結への道程で、ソ連にひと役買ってもらおうという考えを実行しようとしたことがある。小磯内閣は、当時政界の惑星でスターリンの友人として自認していた久原房之助《くはらふさのすけ》をソ連へ特使として派遣することを考え、佐藤尚武《さとうなおたけ》駐ソ大使をして、ソ連政府の意向を打診せしめたが、ついにソ連側の承諾を得られず、ことは実現しなかった。そのとき、モロトフ外相は、佐藤大使に対して、つぎのような返事をしていることをわたしは興味深く覚えている。

「ソ連と日本との間には、中立友好条約が結ばれており、その関係が崩れるはずはない。だから、改めて特派大使を接受する必要はないと思う。日本から特派大使を派遣するという申し入れを受けて、わたしはギリシャの哲学者がいった〝万物は変化する〟ということばを思い出している」

あとでわかったことだが、ソ連が最初に対日戦参加を口にしたのは、これよりずっと前、昭和十八年十月、モスクワで開かれた米、英、ソ三国外相会議の最終日、晩餐会の席上である。

この年、日本はミッドウエー海戦でこうむった痛手が大きく、ガダルカナル島からの撤退を余儀なくされた。連合艦隊司令長官山本五十六《やまもといそろく》元帥が戦死したのは、同じ年の四月である。ヨーロッパでは、米、英、仏の軍隊がようやく立ち直りをみせ、これにひきかえイタリア軍は各地で敗れ、ドイツ軍の負担になりつつあった。スターリングラードの攻防戦では、ソ連軍がまったく奇蹟的にねばり勝ちをおさめ、逆に追撃戦に出はじめた。ソ連としては、そろそろドイツ軍を圧倒する見通しが出てきたところである。

モスクワの三国外相会議は、昭和十八年の十月三十日、幕を閉じることになったが、その晩、クレムリン宮殿でスターリン首相主催の晩餐会が催された。このとき、スタリーンはとなりの席にいたアメリカのハル国務長官にそっと耳打ちした。

「連合国軍がドイツを屈服させたあと、ソ連は日本との戦争に参加したい」

ハル国務長官は狂喜した。それまでのアメリカは、手をかえ、品をかえしてソ連を対日戦争に引き出そうと画策してきたが、ソ連はあれやこれやの理由をつけて回答を引きのばしていた。ハル国務長官が大よろこびしたのは無理もない。別れぎわ、スターリン首相はハル長官に対し、つぎのようにいった。

「このことは、ルーズベルト大統領にだけは話をしてもよいが、ほかの者には絶対に秘密にしてほしい」

それから一か月後の昭和十八年十一月末、連合国の首脳は、イランのテヘランに集まった。このとき、スターリンはこう語っている。

「ドイツが最終的に敗北したあかつきには、われわれはともに戦線に立って、日本を倒すことができるだろう」

翌十九年（一九四四年）の九月二十三日、アメリカのハリマン大使とイギリスのカー大使の二人はスターリンと会い、ソ連の対日参戦を具体的に話合った。このとき、スターリンは南樺太および北海道を空軍によって無力化したあと、北海道を占領すると語った。

連合国側の米英両巨頭は、鈴木内閣が成立するまえの昭和二十年（一九四五年）二月四日、ソ連領クリミヤのヤルタへ集まって、煮詰まってきた第二次大戦の収拾策を協議した。アメリカのルーズベルト大統領は、鈴木内閣発足後まもない四月のなかば、この世を去ったが、そのころはまだ元気で、チャーチル、スターリンとともに現地へ乗りこんだ。このとき、秘密のうちにソ連の対日戦参加が約束された。かれらは一週間後の二月十一日、日本の紀元節（いまの建国の日）にあたる日に秘密協定を結んでいる。内容はつぎのようなものであった。

ソ連、米国および英国の指導者は、ドイツが降伏し、かつ、ヨーロッパにおける戦争が終結したのち、二か月または三か月をへて、ソ連邦が左の条件により連合国に味方して日本国に対する戦争に参加することを協定した。

一、外蒙古の現状はそのまま維持されるものとする。

二、一九〇四年（明治三十七年）日本国の背信的攻撃によって侵害されたロシア国の旧権利は、つぎのように回復されるものとする。

イ、樺太の南部およびこれに隣接する一切の島嶼はソ連邦に返還されるものとする。
ロ、大連商港におけるソ連邦の優先的な利益はこれを擁護し、同港は国際化され、またソ連邦の海軍基地としての旅順港の租借権は回復されなければならない。
ハ、東清鉄道および大連に出口を供与する南満州鉄道は、中ソ合弁会社の設立により共同運営されるものとする。ただし、ソ連の優先的利益は保障せられ、また、中国は満州における完全なる主権を保有するものとする。
三、千島列島はソ連邦に引き渡されなければならない。
前記の外蒙古ならびに港湾および鉄道に関する協定は、蔣介石総統の同意を要するものとする。ルーズベルトは、スターリンからの通知によって、右同意を得るための措置をとるものとする。

三大国の首脳は、ソ連邦の右の要求が、日本国の敗北したのちにおいて確実に満足せしめられるべきことを協定した。ソ連邦は、中国を日本国の羈絆《きはん》から解放する目的をもって、自己の軍隊によりこれに援助を与えるため、ソ連邦―中国間友好同盟条約を中国と締結する用意のあることを表明する。

ソ連への特使派遣を決める

この協定書には、スターリン、ルーズベルト、チャーチルの三人が署名しているが、ソ連の参戦が話合われたとき、チャーチルはその場にいなかった。イギリスのイーデン外相は、ソ連参戦の結果がどうなるかわからないので、チャーチルに対して署名しないほうがよいと進言した。

「極東におけるイギリス帝国の地位は危機に瀕しているので、ここはルーズベルトの判断にしたがって署名することにしたほうがよい」

チャーチルはイーデン外相の言を容れずにこう語り、サインのペンを走らせたので、結局は三巨頭の署名になった。協定の内容には、中国も大いに関係があるけれども、スターリンとルーズベルトは、中国に知らせると、その日のうちに世界中に情報が流れるおそれがあるので、やめたほうがよいとの結論に達した。中国側がこの内容を知ったのは、昭和二十年の七月六日である。スターリンに呼ばれてモスクワへ行った中国の宋子《そうし》文《ぶん》外相は、いやおうなしに満州の利権をとりあげられる協定書に署名させられた。

ソ連は、昭和二十年の四月、日ソ中立条約を延期しない旨、日本政府へ通告している。したがって、条約の有効期限は、昭和二十一年の三月までになった。そのころになると、アメリカはそろそろソ連の力を借りなくても自力で日本を屈服させるだけの自信をもってきた。できることなら、ソ連が対日戦争に参加しないことを内心希望していた。アメリカとしては、ソ連という国が信頼のおけない国であるという事実をしばしばみせつけられてきたからである。それでもドイツの降伏で、欧州に用のなくなったソ連は、ヨーロッパ戦線から軍隊や軍需品をシベリアへ向けて大量に移動させていた。

六月二十八日、東郷外相はモスクワにいる佐藤尚武大使に対して、つぎのような趣旨の訓電を発した。

「今月のはじめから広田元首相にたのんでマリク駐日大使と何回か会ってもらったが、事態はなかなか進展しない。ソ連の政府関係者がどのような考えでいるのか、少しもわからないので、はっきりした回答をもらってほしい。日本政府としては、このさい、有力な人物を特派大使として派遣し、わがほうの真意を伝えるとともにスターリン首相の気持ちもたしかめたいと思っている。特派大使には元首相の近衛文麿公爵を起用する予定なので、よろしくたのむ」

ところが、佐藤大使からの返事はこなかった。東郷外相は慎重に、そんなにあわてる必要はないという態度をとっていたが、鈴木総理は、気が気でないらしかった。七月はじめ、総理はめずらしく、ため息をついて、わたしにこんな話をした。

「迫水君、外交というものは、思ったより時間がかかるものだね。東郷外相は、先方の腹づもりをさぐるためには、しばらくときをかけなければいけないし、こちらの準備がじゅうぶんでなかったら、よい結果が得られないので、あわてなくてもよいといっているが、外務省はいったいなにをしているんだろうね」

ソ連関係が思うように進展しないことに対し、天皇陛下もだいぶご心配になっておられたようである。七月七日、鈴木総理は陛下からお召しを受けた。そのとき、陛下は、こういわれたそうである。

「ソ連からはなんの回答もないらしいが、その後の交渉はどうなっているのか。いまはだいじなときで、時期を失したら、せっかくの努力が水の泡になる。このさい、まわりくどい方法を排して、率直に仲介をたのむようにしてはどうか。スターリン首相にはわたしが親書を書こうと思っているので、一日も早く特使を派遣するようにしたほうがよい」

それから三日後の七月十日、最高戦争指導会議が開かれた。鈴木総理は、構成員に対して陛下のお気持ちを伝え、ソ連へ特使を派遣することをきめた。ただ人選については、いちおう近衛公の名前があがっただけで、本ぎまりになったわけではない。近衛公が上京してきたのは、七月十二日の朝である。木戸内大臣は、このときのことを『木戸日記』のなかにこう書いている。

午前九時二十分、突然、鈴木首相が来訪。左の要旨の話をしたり。「対ソ特使の人選については、外相とも種々相談したるが、このさい、近衛公をわずらわしたいと思う。ついては、近衛公には昨日上京せらるるはずなりしゆえ、じぶんよりすすめたく思いおりしがけさ上京せられる由にて、一刻を争う今日、とやかくとすすめるよりも、かえって直接お上よりご下命というか、ご委託になるほうが近衛公にとりても名誉であり、よろしからんと存じ、そのむね今朝内奏したし……」。右につき「きょうはすでにお上ご自身お乗り出しになりおり、ご親書うんぬんとまでのご決心なれば、かえってそれもよろしからん」と同意す。午後三時、近衛公拝謁。同三時十五分、退下ののち、来室。大要左のごとき話あり。「陛下より戦争終結についての意見につきおたずねあり。よって最近、陸軍よりたびたび人がきたり、戦争遂行につき説明あるも、その用いる数字がまちがいなければともかく、一方、海軍方面の説明によれば、必ずしも信をおくあたわず。一方、民心は必ずしも高揚せられあらず。お上におすがりしてなんとかならぬものかとの気持ち横溢《おういつ》しおり、また、お上をおうらみ申すというがごとき言説すら散見する状態にあり。このさい、すみやかに終結することは必要なりと信ずるむね言上す。お上より、ソ連に使いしてもらうことになるやも知れざるゆえ、そのつもりにとのおおせあり、つつしんでお受けせり」

このあと、陛下は木戸内大臣をお召しになり、近衛公のことについて、こんな話をされたと『木戸日記』には書いてある。

近衛に対し、だいたいじぶんの考えを話して、近衛の戦争見通しに対する意見をたずねたところ、このさい、終結の必要を説いていたから、ソ連に行ってもらうかもしれぬからといったところ、第二次近衛内閣のとき、苦楽をともにせよといったことを援用して、こういうさいゆえ、ご命令とあれば身命を賭していたしますとはっきり受けた。こんどは近衛もだいぶ決意しているように思う。

回答をはぐらかすソ連首脳部

この陛下のおことばのなかに「苦楽をともにせよ」とあるのは、第二次近衛内閣が日独伊の三国軍事同盟を結んださい、陛下が近衛首相に対して、つぎのようにおおせられたことがあったからである。

「この条約は、将来、あるいはわが国を長い間困難な暗黒の立場に追いこむことになるかもしれないが、卿は必ずじぶんと苦楽をともにせよ」

皇居から退出した近衛公は、鈴木総理、東郷外相らに会い、ソ連への特使を引き受けたことを報告した。そこで、外務省は同夜八時、在モスクワの佐藤尚武大使あてにつぎのような電報を打つとともにマリク駐日ソ連大使にも同じような趣旨を本国政府へ伝えてもらうよう申し入れた。

モロトフとの会談電報に接せず。したがって、偵察じゅうぶんならずして兵を進むるきらいあるも、このさいに歩武を進め、三国会談開始前にソ連側に対し、戦争終結に関する大御心を伝えておくこと適当なりと認めらるるについては、左記の趣旨をあわせ、直接モロトフに説明せられたい。

「天皇陛下におかせられては、今次戦争が交戦各国を通じ、国民の惨禍と犠牲を日々増大せしめつつあるをご心痛あらせられ、戦争がすみやかに終結せられんことを念願せられおるしだいなるが、大東亜戦争において米英が無条件降伏を固執する限り、帝国は祖国の名誉と生存のため、いっさいをあげて戦い抜くほかはなく、これがため、彼我交戦国民の流血を大ならしむるはまことに不本意にして、人類の幸福のため、なるべくすみやかに平和の克服せられんことを希望せらる」

なお、右の大御心は民草に対する仁慈のみならず、一般人類の福祉に対するおぼしめしに出づるしだいにして、右ご趣旨をもってするご親書を近衛文麿公爵に携帯せしめ、貴地に特派使節として差遣せらるるご内意なるをモロトフ委員に申し入れ、右一行の入国方につき、大至急先方の同意をとりつけらるるよういたされたい。右一行の氏名は追って電報すべし。なお、また、同使節は貴地首脳部が三国会談におもむくまえに貴地に到着するは不可能なるも、その帰国後はただちに面談のことにとり運ぶ要あるにつき、なるべく飛行機によることといたしたく、先方飛行機を満州里またはチチハルまで乗り入れるようお取りはからいを得たし。

この訓電を受け取った佐藤大使は、ソ連のモロトフ外相にすぐ会いたいと申し出たが、いまは忙しくて都合がつかないので、外務次官のロゾフスキーに用向きを伝えてくれと返事してきた。また、天皇陛下のメッセージは、ソ連のだれにあてたものかもわからないし、特派使節を送るとはいっても、なんのためにくるのか具体的な条件がつけられていないなどといって相手方は回答をしぶった。しかも、スターリン、モロトフらは、その晩の列車で米英ソの三国会談が開かれるベルリンへ向けて出発する予定になっていた。

佐藤大使はそれでもソ連側に食い下がり、特派大使とソ連首脳部との会談は、かれらが三国会談を終わってモスクワへ帰ってきてからになると思われるので、ベルリンへ電話をしてでも交渉を進めたいと主張した。佐藤大使は、その後も留守番役のロゾフスキ

―外務次官に何度もかけあってみたが、これといった具体的な回答は得られなかった。わたしは外務省から鈴木総理のもとへ届けられる佐藤大使の電報を読みながら、ソ連側になにか、かくされた意図があるような気がしてならなかった。もともと、佐藤大使はソ連の外交陣をあまり信用していないふうがあった。そのときより一か月少し前の六月八日、佐藤大使は、東郷外相あてにつぎのような意見具申の電報を打ってきている。

中立条約廃棄通告後のソ連の態度は、さしあたり日米戦に対し、従前どおり中立を維持せんとするもののごとく、ソ連をして、これ以上わが方にとりて有利なる態度に出でしむることは、とうていその望みなきを信ずるものにして右は今日にはじまりたる問題にあらず。過去においてさえ、たびたび水をさし向けたるにかかわらず、ソ連においては、米英の関係より日ソ関係に深入りすることを避けきたり、ドイツとの戦争にしのぎをけずり、極東の静謐《せいひつ》保持に専念せざるを得ざりし当時において、なおかつ、しかりとせば独潰滅の今日、ソ連としてなにを好んで米ソ関係を犠牲にしてまでも、日ソ関係の増進を考うべきや。近き将来において、ソ米関係の悪化の可能性のあること、今日より明らかなりとせば、あるいは別問題になるべきも、たとえ、両国間にこんご多少の摩擦はまぬがれがたしとして、なお、親善関係持続せらるべしとの見込みをつけざるを得ざる今日においては、中立態度の維持が関の山にて、これさえ、戦局発展いかんによっては困難となるべきこと、わが方としてつねに覚悟を要するところなり。万一、ソ連側にソ米関係の永続せざるべきを見越し、日ソ関係強化の必要を考えいたりしならんには、彼より進んで中立条約を廃棄するがごとき態度には出でざりしはずなり。条約は不継続さえ通告せざればそのまま自動的に継続せられたるものとして、日ソ間はもとより、国際間にも比較的波乱を生ずること少く、もっとも簡単に継続できるわけなり。しかるにかかわらず、廃棄を通告しきたるは、継続を不便とする事情ありたるがためにして、すなわち、日ソ関係の強化などは考慮しおらざりし証左となさざるべからず。われよりふたたび水を向くるも詮なきしだいといわざるを得ず。

かくのごとき明白なる事情にあるにかかわらず、モロトフとの会見にさいし、かりに本使より両国関係の強化を持出すごとき態度に出でたりとせば、現状維持さえ懸念せらるるおりから、日本外交のあまりにナイーブなるにおどろきこそすれ、その話に乗りきたるべしとは、とうてい想像できがたきところなり。

十月革命以来の日ソ国交は、まさにイバラの道をたどりたりというに尽くべく、ときに消長ありとはいえ、いずれの時代においても、根本的な国交改善をみることなく、かえって張鼓峰《ちょうこほう》、ノモンハンにおいては、相手の軽侮《けいぶ》さえ招くにいたれり。ついで、中立条約の成立をみたるも、独ソ戦、大東亜戦の勃発に会い、ようやく両国間に条約を維持し得たりというにすぎず。いわんや、一は勁敵《けいてき》ドイツを倒し、他は戦線撤収を重ねつつあり。戦勝に士気あがれるソ連人が露国人として、ポーツマス条約を露国史上の屈辱と感じおる心理状態もまた見のがすべからず。

以上を過去の観点よりするも、日ソ関係の将来は、せいぜい現状維持に尽くというに帰着せざるを得ず。本使はかく信じ、かつ、こんごも従前と同じ見通しのもとに微力をささげんとするものなるところ、これすら戦局の進展によっては危殆《きたい》に瀕すべきこと屢次《るじ》申進のとおりなり。

佐藤大使からは、このほかにも長い電報が何通も寄せられた。あとになって考えてみるとその情勢判断はたいへん適確だった。電報のほかには、こんな内容のものもあった。

「ソ連が日本と米英との間に立って和平のあっせんをしてくれると思うのは、あまりにも観測が甘すぎる。おそらく、絶望的ではないだろうか。これまでの日本とソ連との関係やソ連と米英の間柄を考えてみるとよくわかる。ソ連は、戦争が終わったあとの利害をちゃんと計算しているので、和平のあっせんには乗り出さないような気がしてならない。ソ連と米英とは、もともと政治体制上相容れないものがあるので、戦争が終わったあかつきには、ソ連が日本をして米英に対する防波堤的な役目を果たさせるため、弱体化されないという見方もあるようだが、それはあまりにも皮相的な考えである」

佐藤大使が指摘してきたように日本政府の態度は甘かったかもしれないが、そのころの国際情勢や国内の事情を考えると、ほかに打つ手がなかったような気がする。鈴木内閣がもっとも恐れたのは、軍の独走、暴発である。東郷外相がソ連を仲介役として和平を押し進めるのは、靴の上からかゆいところを掻《か》くようなものなので、このさい、米英に直接あたって終戦を申し入れたほうがよいと主張したのは、一つの見識であったが、もしそれを強行すれば、無条件降伏は必至ということで軍がいきりたち、クーデターを起こすかもしれないという一触即発の危険性がある。国内の事情を知り抜いていた鈴木総理は、軍の暴発を避けることが急務であるとの考えに立ち、このさい、近衛特使をモスクワへ派遣し、一方では米英側の要求を考え、他方ではソ連が求めてくるにちがいない仲介のあっせん料がどんなものであるかをきかせようと考えていた。

ソ連からの返答がこないので、日本政府は苦境に立たされた。鈴木総理と東郷外相はいろいろ話合ったすえ、七月二十一日、佐藤大使あてにつぎのような趣旨の電報を打った。

「日本政府としては、いかなる場合といえども無条件降伏を受け容れるわけにはいかない。ただ、戦争が長引けば、敵も味方も出血がひどくなるのは明らかである。もし、連合国側が無条件降伏を強制するようなことがあれば、日本国民は一丸となって敵にあたる覚悟である。しかしながら、天皇陛下の大御心にしたがい、そのように悲惨な事態を招かないようにしたいと思うのでソ連のあっせんによって、このさい、敵方の、いわゆる無条件降伏に近い提案をのむつもりでいる。こうした日本政府の意図を米英両国に理解させる必要がある。ソ連に無条件で和平のあっせんをたのむのはむつかしいかもしれないが、いま、ただちに具体的な条件を示すことは対国内の問題や対外関係を考えて不可能であり、かつ不利でもあるので、近衛公爵を直接モスクワへ派遣して、陛下のおぼしめしによるわがほうの具体的な意図をソ連側に伝えるとともに東亜におけるソ連の要求などをにらみあわせながら、話合いをし、米英両国にあたらせようと考えているわけである」

この電報の内容をいま見てみると、当時鈴木総理が、内外の勢いの間にはさまっていかに苦悩していたかが、はっきりとうかがわれて感無量である。

内閣を動揺させた国民義勇隊問題

このようにして、日本はソ連に仲介の申入れをしたが、国内的には国民義勇隊問題で、内閣が大いにゆさぶられていた。

近衛文麿公が第二次内閣を組織してまもないころ、国民のひとりひとりを動員することのできる組織として、大政翼賛会というものをつくったことがある。総裁には内閣総理大臣があたり、会の運営はちょうどナチス・ドイツのようなもので、一党独裁的な形になっていた。

そのころ、わたしは企画院の一員として在籍していた。組織の準備がいっさいととのって、いよいよ大政翼賛会の結成式をあげるという前日、近衛公は皇居で天皇陛下にお会いし、それまでのいきさつなどについて奏上した。みんなが力を合わせて、練りに練った案なので、陛下はすぐお許しになると思っていたらしいが、近衛公の耳には陛下の意外なおことばが伝わってきた。陛下は、近衛公に対して、つぎのようにいわれた。

「このような組織をつくってうまくいくのかね。これでは、まるで、むかしの幕府ができるようなものではないか」

近衛公もさすがに返事に困り、絶句したということである。昭和十年代のなかばのことで、日本はまだ米英両国に対して宣戦を布告していないときなので、陛下のお考えがどんなにすぐれていたかを物語るエピソードとして、関係者たちはたいへん恐懼したしだいである。

陛下のおことばをきいて、近衛公は大いにあわてた。大政翼賛会結成の日を翌日に控えて、近衛公はあらかじめ作られていた式辞や宣言の案をすべて破り捨てた。陛下のお心に反すると思ったからである。結成式の日、近衛公はつぎのような短いあいさつを行なうにとどめた。

「大政翼賛会というのは、そんなにむつかしい組織ではない。大政翼賛、臣道実践の二つの標語を実行するために生まれたものである」

この話は、当時、有名な事実として、わたしたちの耳にも伝わってきた。このようにして発足した大政翼賛会だったが、まもなく組織は強化されて、いろいろな面で拘束力をもつようになった。政党は解消して翼賛政治会（のちに大日本政治会）となり翼賛壮年団がつくられ、女性は女性で大日本婦人会という全国を打って一丸とする組織にエスカレートしていった。業界は業界で産業報国会などという団体を創設して、大政翼賛会の傘下に入った。

このようにして国民組織は逐次完成されていったが、戦局の進展に伴ってこの国民組織をもっと戦闘的、行動的なものにすべきであるという考え方に進展した。軍はこの考え方を推進した。軍としては国民の一人一人を全部戦闘要員として確保し、動員する仕組が望ましいわけである。阿南陸相は、軍の下部からの突きあげもあったことと思うが、閣議ではつぎのような発言をしている。

「大政翼賛会などという組織は、口さきだけの大政翼賛、臣道実践であって、国民が一つの火の玉となって国土を守るという気持ちには達していない。小磯内閣の時代に大政翼賛会を発展的に解消し、国民義勇隊にすることを閣議できめたが、構想だけで、まだ実行に移されていない。本土防衛の最前線である沖縄が陥落した今日、全国民を一貫した組織にして、最後の一人になるまで戦い抜く覚悟をきめなければならない」

小磯内閣時代の構想によると、大政翼賛会の組織を発展的に解消して、国民義勇隊に改組し、各都道府県ごとに知事を長とし、全国の総司令には内閣総理大臣があたることになっていた。ところが大日本政治会では、この総司令に内閣総理大臣をもってあてるという考え方に対して、つぎのような反対意見を樹てた。

「国民義勇隊を組織することについては異論をさしはさまないが、総司令に総理大臣をあてるのは好ましくない。これではまるで官製団体ではないか。大政翼賛会を発展的に解消したのも、もとはといえば、官製団体をなくしてしまうという目的からではなかったか。国民義勇隊の組織は、あくまで国民の間から盛り上がったものであるという印象を強くするため、総司令には大日本政治会の総裁である南次郎陸軍大将をあてるべきである」

国民義勇隊の組織は小磯内閣の閣議決定に従って地方でもだんだんかたちができあがりつつあった。都道府県では、知事が本部長になり、実際の指揮をとる副本部長には民間人を起用する手だてが進んでいた。問題は総司令である。

小磯内閣は、前にのべたように、総司令には総理大臣をあてることを閣議で決めていたが、わたしは鈴木総理の性格から推して、おそらくこれを承諾なさらないだろうと思った。というのは鈴木内閣が成立したころ、まだ、大政翼賛会が存在していて規約上は、ときの内閣総理大臣が総裁に就任することになっていたので、わたしがそのことを鈴木総理に進言したら、総理は顔をしかめ言下に「わたしは大政翼賛会がきらいだから、総裁にはなりませんよ」とはねつけられ、たいへん困惑したからである。国民義勇隊の場合も同じではないだろうかとわたしは考えた。大日本政治会が南大将を国民義勇隊の総司令に推したいといって動きはじめたとき、わたしはその情報を早速鈴木総理に伝えた。総理はつぎのように答えた。

「それは結構なことではないか。大政翼賛会の総裁問題が起こったときもわたしはことわっただろう。国民義勇隊の総司令にしても同じことだ。総理大臣がすべての権限をもつのは、あまり好ましくない。このさいは大日本政治会のいうように、むしろ、南大将に引き受けてもらったほうがいいと思う」

この国民義勇隊の総司令の問題についてはおもしろいエピソードがある。昭和二十年四月、鈴木内閣組閣のとき、大日本政治会から入閣者を求めることになって、総裁の南大将に組閣本部に来てもらった。鈴木総理も南総裁もひどく耳が遠いので、二人の会話にはわたしが通訳しなければならなかった。

入閣候補者について、順調に話がすんでから、南総裁は「こんどの新しい国民組織の総司令にはわたしが就任することが適当だと思うから、そのように取計らってほしい」と言い出した。鈴木総理にはほとんど聞き取れなかったようで、あいまいながら肯定されるような返事をした。わたしはそばから口を出して「その問題は後日じゅうぶん検討して決定すべきでして、ただいま決定する筋合いではないと思います」と申し上げた。鈴木総理は南総裁に「いま迫水君のいったとおりだから、そのように了解してほしい」といわれたが、そのことが南総裁によく聞えたかどうか、いまもってわたしはこの二長老の〝つんぼ問答〟をなつかしく思い出す。

総理のはかりごとの深さ

総理の意見は、わたしが案じていたとおりだった。鈴木総理の意向を伝えきいて南大将は国民義勇隊の総司令を引き受けるつもりでいたらしいが、陸軍省と内務省の両方から、南大将など民間人の総司令就任には絶対反対であるとの横ヤリが入った。事態は緊急を要するが、陸軍省と内務省の態度があまりにも強硬なので、無理に押しまくれば内閣の存立さえあぶなくなってくる。すったもんだのあげく、つまるところ、総司令はおかないことにきまった。そのかわりにわたしは中央事務局という機関を設けてこれを内閣の直属にするという構想を樹てた。阿南陸相をはじめ、大多数の閣僚は、国民義勇隊の中央事務局はわたしの構想どおり内閣総理大臣の直轄機関にしたほうがよいという意見をもっていたが、安倍内相を先頭として内務省当局は一致して、中央事務局を内務省の所管にせよと強硬に主張した。その理由は地方の各本部長である知事が内務大臣の指揮下にあるからというのである。そして、内相はこのことについては職を賭するという構えを見せた。安倍内相の主張を容れて、中央事務局を内務省の管轄下においたら、国民を総動員するという大きな権限を内務省という一省だけに与えることになり、陸軍省をはじめ各省は満足しないであろうと考えたわたしは、内閣の直属機関にしたいと強く主張した。いつのまにか内閣書記官長と内務大臣とが対立する羽目になったが、結局は総理の裁断に一任することになった。鈴木総理の裁断は七月七日の閣議の席で行なわれることになり、わたしは、閣僚の大部分の意見に従って、総理が、内閣直属にすると裁断されることを確信していた。

その日、鈴木総理は陛下のお召しを受けて、朝早く皇居へ行ってきた。陛下は、ソ連との交渉を一日も早く実現するように努力してほしいと鈴木総理にいわれた。いよいよ閣議がはじまるという直前になって、鈴木総理は、わたしを呼んだ。おそらく、国民義勇軍中央事務局の所管をどこにするかについての、総理のご意見を示されるに違いないと思い、わたしは総理大臣室へ入った。二人が相対すると、総理はいつものようにものしずかな口調でいった。一語一語ことばを区切って、ちょうど先生がこどもをさとすような話ぶりである。

「君も知っているとおり、政府は、いま、東郷外相を中心にして、ソ連に和平の仲介役をたのもうとしている。陛下もたいへんご心配されて、さっき参上したときも、ソ連との交渉を一日も早く実現するようにとのおことばをいただいてきたばかりだ。政府にとっては、いまがいちばん大事なときだ。さて、君が提案した国民義勇隊中央事務局のことだが、わたし個人の意見をいえば、内閣の直轄にするのが筋も通っており、もっともよいと思っている。しかし、わたしがいま内閣の直轄にしたほうがよいと裁断したら、たいへんなことが起こる。安倍内相は怒って、ほんとうに辞表を出すかもしれない。もし、そうなったとき、せっかく交渉を進めている相手のソ連は日本の内部が不統一だと誤解するにきまっている。こちらの事務的な事情までは知らないので日本政府には和平問題で閣内不統一の事態が生じたと受け取るかもしれない。そんな情勢に追いこまれたら、ことは重大である。大事のまえの小事である。閣内に動揺を起さないために、私が裁断を下す前にきょうの閣議では、君がまず発言して、国民義勇隊中央事務局を内閣直属にする主張を自発的に撤回することにしてほしいと思う」

わたしは鈴木総理の、はかりごとの深さに感激した。総理大臣室を出て閣議室へ向かう道すがら、わたしは何度も心のなかで「大事のまえの小事だ。大事のまえの小事だ」という鈴木総理のことばをくり返していた。閣議がはじまった。わたしはとくに発言を許してもらい、つぎのような話をした。

「国民義勇隊中央事務局の設置をめぐって、みなさま方にたいへんご心配をかけ、すみませんでした。わたしは、この重大な時局にさいして、閣内の意見が分かれるような原因をつくり、申しわけなく思っております。いろいろと反省しました結果、中央事務局を内閣に設置するという案は自発的に撤回いたします。つきましては、内務省において国民義勇隊の事務を間違いなく執行していただきたいと思っております」

閣僚の大多数は、わたしの意外な発言を耳にしながら、キョトンとしていた。なかには反対意見をのべる大臣もいたが、結局、事態は落着した。

兵器は残っていなかった

このような迂余曲折をへて、国民義勇隊は発足したわけだが、内容的には、小磯内閣の時代にきめられたものとだいぶ趣きを異にしていた。小磯内閣では、国民総出動というかたちになっており、敵が上陸してきたり、本土が危機に陥ったときには、戦闘隊を組織するという考え方をふくんでいたが、鈴木内閣では内容を改めた。鈴木内閣のもとで定められた国民義勇隊は、国民の一人一人が平常の業務を遂行するにあたって、義勇奉行の誠をいっそうじゅうぶんに果たすのを目的にしていた。地域的な組織をつくったり、職場ごとの組織をつくる点は、あまり変わっていなかったが、一般の国民が戦闘に参加するために出動する場合には、改めて義勇兵役という制度に服し、軍の管理下に入るものとするという方法がとられた。しかし、このことは実際上は終戦の実現によって、幸いにも実施されないままで終わった。このとき、国会を通過した義勇兵役法によると、男子は十五歳から六十歳まで、女子は十七歳から四十五歳まで、法律の定めるところにしたがって、義勇兵役に服しなければならないことになっていた。いまから考えると、たいへんな話だが、そのころの国民の大多数は、国家の危急存亡に対しては老若男女を問わず、死地におもむく決心をしていたわけである。

国民義勇隊の問題が政府の内部でいろいろな論議を呼んでいるとき、わたしは、いま思い出してもいやな気分になる体験をした。このことは、当時の閣僚と陸軍省の一部の関係者しか知らない話なので、わたしはあえて公表しておきたいと思う。

七月はじめの、ある暑い朝だった。閣議がはじまる直前、わたしのところへ陸軍の係官がやってきた。かれはこういった。

「いよいよ本土決戦のときが近づいてきた。国民義勇隊も発足したし、全国民が火の玉になって敵にあたらなければならない。ついては、国民義勇隊に使わせる兵器を別室に展示したので、閣議が終わったら、総理以下みなさんにみてもらいたい」

閣議が終わったあと、わたしたちは国民義勇隊用の兵器が陳列してある部屋へ足を向けた。部屋のなかへ一歩足を踏み入れたとき、わたしは腹の底から憤りの念がかけのぼってくるのを意識するとともに深い絶望感に襲われた。そこにはどうみても兵器とはいえないような粗末な器具がならべられていたからである。手榴弾《しゅりゅうだん》はまあよいとしても、銃などは江戸時代に使われたものと同じくらいの機能しか持っていなかった。もちろん、単発銃で、筒の先からまず火薬を包んだ小さな袋を棒で押しこみ、そのあとに鉄の丸棒を輪切りにした弾丸を入れて発射するという原始的なしろものである。戦国時代以前に主武器として用いられた弓なども展示してあった。その説明書きを読むと、こう記してあった。

「この弓の射程距離は、おおむね三、四十メートル。通常の射手による命中率は五十パーセント前後である」

これには、さすがのわたしもあいた口がふさがらなかった。かつて旧制一高時代、わたしは弓道部に籍をおいていたので、しろうととは違って弓の力がどのくらいのものであり、命中率がいかに低いかをよく知っている。人をバカにするにも程がある。陸軍の連中はこれらの兵器を本気で国民義勇隊に使わせようと思っていたのだろうか。わたしは狂気の沙汰だと思った。あとは竹槍や江戸時代の火消しの使った鉄の棒などである。

わたしは鈴木総理のすぐうしろについて、兵器陳列室を回っていたが、総理がだれにいうともなく「これはひどいなあ」とつぶやいたのがいまも耳底に焼きついている。総理大臣室へもどってきた鈴木総理は、わたしに対して、こういった。

「あんなものじゃ、戦争はできないよ。もう、まともな兵器は残っていないんだね。だからこそ、一日も早く終戦へこぎつけなければいけないと思ってるんだ」

わたしも同感だった。

ポツダム宣言の全文発表さる

七月二十六日、運命のポツダム宣言が発表された。日本政府はそれでも望みを捨てないで、佐藤大使をどうにかしてポツダムへ送りこみ、スターリンまたはモロトフに直接会わせて、ソ連側の色よい返事をもらおうとしたがムダだった。

連合国には、各国各様の立場があった。ポツダムでの会議は、七月の十七日からはじまった。イギリスで総選挙が行なわれたため、二十四日はいったん休会となり、チャーチルおよびアトリーの二人は、翌二十五日帰国した。二十六日、トルーマン、チャーチルおよび蔣介石の名前で三国の共同宣言が発表された。その全文はつぎのとおりであった。

ポツダム宣言

一、われわれ合衆国大統領、中華民国主席およびグレート・ブリテン国総理大臣は、われらの数億の国民を代表して協議した結果、日本国に対し、こんどの戦争を終結する機会を与えることで意見が一致した。

二、合衆国、英帝国および中華民国の巨大な陸、海、空軍は、西方より自国の陸軍、空軍による数倍の増強を受け、日本国に対し最終的な打撃を加える態勢をととのえた。これらの軍事力は、日本国が抵抗を終止するにいたるまで、日本国に対し戦争を遂行するいっさいの連合国の決意によって支持せられ、かつ、鼓舞されるものである。

三、決起した世界の自由な人民の力に対する、ドイツ国の無益かつ無意義な抵抗の結果は日本国民に対するその先例をきわめて明白に示している。現在、日本国に対し集結しつつある力は、抵抗するナチスに対し適用せられた全ドイツ国人民の土地、産業および生活様式を必然的に荒廃させた力にくらべ、はかりしれないほど強大なものをもっている。われわれの決意に支持せられるわれわれの軍事力の最高限度の使用は、日本国軍隊が避けることのできない完全な壊滅を意味している。また、必然的に日本国本土の完全な破壊を意味している。

四、無分別な打算によって、日本帝国を滅亡の淵におとしいれたわがままな軍国主義的な助言者の手で日本国がひきつづき統御されるほうがよいか、あるいは、理性の路を日本国が踏むほうがよいかを、決定すべきときがいまきている。

五、われわれの条件はつぎの通りである。われわれはこの条件から離脱することはない。これに代わる条件はない。われわれは、遅延を認めない。
六、われわれは、無責任な軍国主義が世界から駆逐されるまで、平和、安全および正義の新しい秩序が生まれないことを主張しているので、日本国民をあざむき、世界征服ができるかのようなあやまちを犯した者の権力および勢力を永久に除去するものである。
七、このような新しい秩序が建設され、かつ、日本国の戦争遂行能力が破壊されたという確認があるまで、連合国の指定する日本国領域内の諸地点は、われわれがここに示す基本的な目的の達成を確保するためにも占領する。
八、カイロ宣言の条項は履行されなければならない。また、日本国の主権は、本州、北海道、九州および四国とわれわれがきめる諸小島に局限される。
九、日本国の軍隊は、完全に武装を解除されたのち、おのおの家へ帰り、平和的、かつ、生産的な生活をいとなむ機会を与えなければならない。
十、われわれは、日本人を民族として奴隷化しようとしたり、また、国民として滅亡させようとするものではないが、われわれの俘虜を虐待したものをふくむいっさいの戦争犯罪人に対しては、厳重な処罰が加えられる。日本国政府は、日本国民の間にある民主主義的な傾向の復活強化に対するいっさいの障害をとりのぞかなければならない。言論、宗教および思想の自由ならびに基本的人権の尊重が確立されなければならない。

十一、日本国はその経済を支持し、かつ、公正な実物賠償のとりたてを可能にするような産業を持つことを許される。ただし、日本国をして戦争のために再軍備させるような産業は認めない。このような目的のため、原料の入手は許される。日本国は、将来、世界貿易への参加を許される。

十二、前にのべたようないろいろな目的が達成せられ、かつ、日本国民の自由に表明する意志に基づいて、平和的な傾向を持ち、かつ、責任ある政府が樹立されるならば、連合国の占領軍は、ただちに日本国から撤収する。

十三、われわれは、日本国政府がただちに日本国軍隊の無条件降伏を宣言し、かつ、誠意ある行動に移れば、適当にしてじゅうぶんな保障を与えることを日本政府に要求する。これ以外の日本国の選択は、迅速かつ完全な壊滅しかない。

外務省のラジオ室は、七月二十七日の朝早く海外からの放送によって、ポツダム宣言をキャッチした。松本俊一《まつもとしゆんいち》事務次官は局長級の首脳陣を集め、くわしくその内容を検討したのち、東郷外相へ報告した。そのときのもようを東郷外相は『時代の一面』という著書のなかにこう書きつけている。

余は、米国放送による本宣言を通読して第一に感じたのは、これがわれらの条件左のごとしと書いてあるから、無条件降伏を求めたものにあらざることは明瞭であって、これは大御心が米英にも伝わった結果、その態度をいくぶん緩和し得たのではないかとの印象を受け、また、日本の経済的な立ち場には、相当の注意を加えられていると認めた。けだし経済的な条項についてはドイツに対しモルゲンソー案などの苛酷なるものが伝えられていることとて、これよりやや安心したような感がしたが、日本の立ち場は、ハル長官が日米交渉においても考慮していた加工国としての存立はさしつかえないし、また、そのために賠償も苛酷なことにならないとの趣旨が骨子であった。

また、カイロ宣言によって、朝鮮の独立は別問題とするも、台湾などの返還を必要としまた日本の領土は本州、北海道、九州および四国以外は連合国の決定する諸小島に局限するというので、大西洋憲章に照らせば、適当と思えぬフシがあるし、また、占領も地点の占領であり、かつ、保障占領であって、広汎なる行政を意味していない点は、ドイツ降伏後の取りあつかいとは非常な懸隔があることは結構であるが、占領地点が東京などの大都市まで包含しておるや否やについては疑問があるし、なおまた日本政府の形態の問題にも不明瞭な点があり、その他、武装解除、戦争犯罪人にも問題がありそうだと感じた。よって外務次官に法律的見地より厳密なる検討を加えるよう命じた。

これと同時になるべく連合国側と交渉に入って、その不利、かつ、不明瞭なる点をいくぶんなりとも修正せしめたいと思った。それで二十七日の午前に参内、モスクワとの交渉の経過およびイギリス総選挙の結果について上奏し、さらに進んでポツダム宣言についてくわしくご説明申し上げた。なおまたこれに付加して、この宣言に対するわがほうの取りあつかいは、内外ともに慎重を要すること、ことにこれを拒否するがごとき意志表示をなす場合には、重大なる結果を引き起こす懸念があること、なお、戦争終結については、ソ連との交渉は断絶せるにあらざるにより、そのへんを見定めたうえ、措置すること可なりと考える旨を言上した。

第五章　興亡を賭けた八日間

原子爆弾広島市に投下さる

昭和二十年八月七日から十四日に至る八日間は、日本が興亡の瀬戸ぎわに立たされた歴史的な期間である。閣議と最高戦争指導会議は、ほとんど連日のように開かれた。天皇陛下をはじめ、政府当局者は、軍部の抵抗を排しつつほんとうに身も心も砕いて、終戦への道を歩いたといってよい。

八月七日未明、トルーマン米国大統領は広島に強力な爆弾を落としたと発表した。わたしは広島の被害状況などから考えて、たしかにそうだろうと思った。しかし、七日の午後、関係閣僚会議の席で、阿南惟幾陸相は、こういった。

「日本の物理学者の常識として、原子爆弾が完成するまでには、あと数年かかるといわれているではないか。いまはだいじなときである。われわれはアメリカ側のデマ放送に迷わされないようにしなければならない」

そこで斯界の権威者たる仁科芳雄《にしなよしお》博士を現地に派遣して調査させることにした。仁科博士は、途中飛行機の故障などのため予定時刻を大幅におくれて広島に着いた。そして八日午後になって「残念ながら間違いなく原子爆弾である」と報告してきた。

東郷外相はその日、天皇陛下に拝謁し、原子爆弾についての調査結果やアメリカ側の放送などについてくわしく言上し、これを転機にして戦争を終わらせたいとつけ加えた。

そのとき、陛下はこういわれた。

「そのとおりである。この種の武器が使われた以上、戦争をつづけることがいよいよ不可能になったので、有利な条件を得ようとして戦争終結の時機を逸するのはよくないと思う。また、いまになって、条件を相談してもまとまらないだろうから、なるべく早く、終戦にもっていくように希望する。鈴木総理にもこのことをよく伝えるように……」

東郷外相は、木戸内大臣に会って、陛下のお話を伝えるとともに鈴木総理にも報告した。東郷外相は、すぐ、最高戦争指導会議を開くよう申し入れた。

八月七日から八日にかけての首相官邸はごった返した。鈴木総理に面会を求める者が相つぎ、わたしや秘書官たちは目が回るほど忙しかった。われわれは、なるべく総理に会わせまいとがんばった。面会を求めてきた人たちの意見は大きく二つに分かれていた。こうなった以上、すみやかに終戦にせよという人がいるかと思えば、国民の団結をいっそう強固にして玉砕の覚悟をきめるべきだと説く人もいた。文字どおり、百家争鳴の観があった。

わたしは、これらの人びとを説得する術をマスターしていたので、終戦を主張する人たちに対しては、こういった。

「簡単にそんなことはできません。それよりも国民の間に分裂が生じるのを防ぐことが先決問題ではないでしょうか」

また、一億玉砕を説く人に対しては、つぎのように答え、引き取ってもらった。

「戦争をつづけることはもちろんですが、問題は、国体の護持です。戦争をつづけたばかりに国体の護持ができなくなったら、それこそたいへんです」

八日の夜遅く、鈴木総理はわたしを呼んで、こういった。

「広島に落とされたものが原子爆弾であることがわかった以上、わたしはあしたの閣議で、じぶんから終戦についての意見をのべたいと思っているので、その準備をしてくれないか」

四月七日の組閣以来、鈴木総理は公式の発言をする場合には、必ず、わたしか秘書官たちに原稿の作成を命じた。閣議、一般の会合、放送、宴会とどんな場合でもまとまった話をするときにはわれわれが原稿をつくらなければならなかった。しかも総理はわれわれを信頼しきっているのか、ほとんど原稿の棒読みである。われわれは、いつも総理の胸中を察し、慎重に原稿をつくった。鈴木総理の語り口はゆっくりしている。何回か原稿を作成しているうち、二百字詰め原稿用紙一枚分がだいたい一分間くらいであることを知った。

政府は七月はじめ、戦争終結の手段として、ソ連に対して仲裁者の立場に立つことを要請したのに対して、ソ連の首脳部は回答を留保したままポツダム会談へ出かけてしまっていたのだが、八月六日、スターリン首相、モロトフ外相の一行は、ポッダムからモスクワへ帰ってきた。東郷外相はその日の午後五時、モスクワ駐在の佐藤大使に対してつぎのような趣旨の訓電を発した。

「いろいろな都合があるので、至急モロトフに会って、回答を督促してもらいたい」

東郷外相の気持とは裏腹に佐藤大使からの返事はこない。東郷外相は、翌七日の午後三時四十分、ふたたびつぎのような趣旨の訓電を打った。広島攻撃に用いられたアメリカの爆弾が原子爆弾であることがほぼ明らかになってきたときである。

「形勢はますます急迫している。ソ連側の明白な態度をすぐ知りたいと思うので、急速に回答が得られるよう手はずをととのえてもらいたい」

佐藤大使からの返事を日本の外務省が入手したのは、八日の正午をすぎていた。それは「モロトフがモスクワへ帰ってきたので、さっそく会見を申しこみ、ロゾフスキー（外務次官）にもあっせん方を重ねてたのんだところ八日の午後五時（日本時間の八日午後十一時）会見するとの予告がきた」という内容であった。それっきり佐藤大使からの電報は杜絶してしまった。当時のことをあとから記録によって調べて見るとつぎのようないきさつになっていた。

ようやくの思いでモロトフに会った佐藤大使が日本政府の意向を伝えようとしたら、モロトフ外相は、それをさえぎり、一方的につぎのような宣言を読みあげ、佐藤大使に手渡した。

ヒトラー・ドイツの敗北および降伏後においては、日本だけが戦争を継続する唯一の大国である。米、英、支三国の日本軍隊の無条件降伏に関する本年七月二十六日の要求(註・いわゆるポツダム宣言のこと)は日本から拒否せられた。よって、極東戦争に関する日本政府のソ連に対する調停の提案は、まったくその基礎を失った。日本の降伏拒否にかんがみ、連合国は、ソ連政府に対し、日本の侵略に対する戦争に参加し、もって戦争の終了をうながし、犠牲者の数を少くし、かつ、急速に一般平和の回復を助けるよう提案してきた。ソ連政府は連合国に対する義務にしたがい、その提案を承諾し、本年七月二十六日の連合国宣言に参加した。ソ連政府は、その政策が平和を促進し、各国民をこれ以上の犠牲と苦難から救い、日本人をして、ドイツがその無条件降伏後になめた危険と破壊を避けさせるための唯一の手段だと考えている。以上の見地から、ソ連政府は、あす、つまり八月九日から日本と戦争状態にあることを宣言する。

佐藤大使は、すぐこのことを日本政府に電報しようとしたが、ソ連政府はこれを許さないばかりか、佐藤大使はじめ日本大使館員の外出さえ認めなかった。佐藤大使からの電報が途絶えたのは、このような事情によるものである。

わたしは鈴木総理の命により、八日の夕刻から首相官邸内の内閣書記官長室で翌日の閣議における総理発言の原稿づくりに精を出していた。九日の午前一時ごろだったと思う。同盟通信社の長谷川《はせがわ》［才次《さいじ》］外信部長が電話でおどろくべきことを伝えてきた。

「サンフランシスコの放送によると、どうやら、ソ連が日本に宣戦布告をしたらしい」

わたしは、そんなバカなことがあるかと、何度も念を押しながら反問した。

「ほんとうなのか。もう一度、くわしく調べてくれないか」

「まちがいないようですね。さっきから、何回も何回も放送してますよ」

わたしの五体は怒りに燃え、からだじゅうの血液が逆流するようだった。原稿書きは終わりに近づいていたが、あまりの腹だたしさに頭のなかがまとまらなかった。それでも夜が明けはじめるころ、どうにか書きあげた。わたしが総理の指示を受けるために小石川丸山町の私邸を訪ねたのは、午前五時ごろである。そのとき、東郷外相もすでにきていた。われわれの報告が終わると鈴木総理は重々しい口調でいった。

「とうとうくるものがきましたね」

沈痛な面持ちだった。また暑い夏の一日がはじまった。朝食をとり終わった総理は腰をあげともかく陛下にご報告を申しあげてくるといって皇居へ向かった。午前九時五十五分から拝謁、十時半少し前、総理は官邸へ帰ってきた。そのときのもようを鈴木総理はその著『終戦の表情』のなかにつぎのように書きつけている。

早朝、あたふたと迫水書記官長が余を訪れてきて、黙々と新聞電報を示し、緊急を要する書類を余の机の上にひろげた。それはソ連の対日宣戦布告がなされたということであった。余は、瞬間、満ソ国境をセキを切ったように進攻してくる戦車群が想像され、満州の守備兵が本土作戦の都合上、その重要な部分を内地へ移動していることも考えた。このままソ連の進攻を迎えたならば、二か月は持ちたえ得ないだろうことも考えた。ついに終戦の瞬間がきたなと余はわれとわが胸に語りきかせ、かたわらの迫水君に対して「いよいよくるものがきましたね」と語ったのである。そして、陛下のおぼしめしを実行に移すのはいまだと思った。通常ならば、内閣の当面の政策たるソ連を介しての和平交渉がみごとに裏切られ、ソ連の参戦ということになったのであるから、輔弼《ほひつ》の責任上、総辞職を決行するのが順序である。だが、余は事態の緊迫化にかんがみて、自己一身の責任をもって、この戦争の終局を担当しようと決意したのである。さしあたって、本土決戦に導くか、降伏に進むか、この二つの道があったが、大勢はもちろん降伏以外には考えられない。ポツダム宣言を受諾すべきであるということは、余がその宣言を一読したおりから内心検討を重ね、まったく決定していたことがらである。

官邸へもどってきた総理は、いつもにくらべて重い足どりをみせた。わたしを呼んで、つぎのようにいった。

「いま、陛下にくわしいご報告を申しあげてきた。陛下のおぼしめしもうかがってきたので、ここでポツダム宣言受諾という形式によって終戦することにきめた。書記官長は、それぞれの段取りを考えて、まちがいのないように取り運んでくれ」

わたしは、そのころの制度にしたがい、国家の意志を決定するのに必要な手続きを順次とることにした。まず、最高戦争指導会議を開き、ついで閣議を招集する手はずをととのえた。同じころ東郷外相は海軍省に米内海相を訪ね、ポツダム宣言を早急に受け入れて終戦にすべきであると説明していた。米内海相はまったく同じ意見であると答えた。

太田文相総辞職論を持ち出す

午前十時半、最高戦争指導会議の構成員だけによる会議が開かれた。一室にとじこもった構成員たちは、なかなか部屋から出てこなかった。会議がはじまってから三時間ほどたった午後一時半、いったん休憩に入った。結論はまだ出ていないようだった。

大勢はポツダム宣言受諾へ傾いていたらしいが、国体の護持、戦争犯罪人の処罰、武装解除の方法、占領軍の進駐問題などについてそれぞれの意見が食いちがった。

第一の国体護持については六人とも満場一致で、絶対条件としてとりあげることがきまった。第二の戦争犯罪人の処罰について、梅津参謀総長はつぎのような意見をのべた。

「ポツダム宣言のなかには、連合軍の俘虜を虐待した者をふくむいっさいの戦争犯罪人は厳重に処罰せらるべしとの規定があるけれども、その裁判は連合国によって行なわれるとは書いていない。そこで、ポツダム宣言を受諾するとはいっても、戦争犯罪人を日本の手で裁判するか、あるいは一歩ゆずって連合国側を入れたにしたところで、相手側だけで裁判するような不公正なことにならないよう、裁判の方法について、もっと日本の立場を擁護するような主張をすべきである」

つぎは武装解除の問題である。武装解除そのものについては、なんら異論は出なかった。ただ日本の軍隊はそれまでに公然と降伏することが許されていなかったので、もし強行すれば、混乱は必至であるとの意見が陸軍側から出された。梅津参謀総長がつぎのように説明すると、阿南陸相も同意した。

「日本の軍隊教育では、武器を失ったら、手で戦え、手も足も使えなくなったら、口で食いつけ、いよいよだめになったら、舌を噛み切って自決しろとまで教えてきた。こんな教育を受けている軍隊に対して、武器を捨てて敵に降伏しろという命令を出しても、前線で果たしてうまく実行されるかどうか、はなはだ疑問である。ポツダム宣言の無条件受諾を通告したら、連合軍はときを移さずにこちらの陣地へ踏みこんでくるだろう。あるいは武器を構えて進撃してくるかもしれない。そうなると、こちらがいくら命令を受けていても指揮官は昂奮しているだろうから、命令は無視されて、再び交戦状態になる公算が大きい。だから、武装解除の方法としては、まず、各戦線の局地で、両軍が場所と日時をあらかじめ協定しておき、自発的にこちらが武器を捨て、向こうの指定した場所にまとめ、部隊も指定の場所に集結して武器を引渡し、その後は先方の指定どおりに行動するという申し入れをすべきである」

第四の占領軍の進駐について、梅津、阿南の陸軍二首脳は、できるだけ小範囲で小兵力にしてもらい時日も短くするよう相手方に申し入れるべきだと主張した。東郷外相は、ポツダム宣言を受け入れることが先決で、個々の問題は、その後の外交交渉によって進めるべきだといい、意見は容易にまとまらなかった。わたしは午後一時から閣議を開く手はずをととのえていたが、こんな事情もあって二時に変更した。この間、鈴木総理は皇居へ参上し、最高戦争指導会議の結論が出ないので、いましばらくお待ちくださるようにとのお許しを乞うてきた。ただ総理としては終戦論議が結論を得ない場合には、陛下のお助けを願いますとの希望をのべ、ご内諾を得ていた。

閣議がはじまった。総理がまず発言して、原子爆弾が出現し、あまつさえ、ソ連の侵攻を受けるに至っては、このさいすみやかにポツダム宣言を受諾する方法によって戦争を終結せしめることが適当だと思う旨を荘重な口調で述べた。

この閣議の最中に長崎へ第二の原子爆弾が投下されたというニュースが入ってきた。総理は閣議の議席順に各大臣に意見を述べさせた。太田耕造文相がつぎのような発言をして、総辞職論を持ち出した。

「政府の見通しは甘く、誤っていた。対ソ交渉が失敗したのは、明らかに政府の責任であり、閣内の不統一もはっきりしているので、筋道からいって内閣は総辞職すべきではないだろうか。総理の意見をうかがいたい」

鈴木総理は、全閣僚の視線が集中するなかで、厳然として答えた。

「じぶんとしては、いま総辞職をする考えはない。直面している重大問題をこの内閣で解決する決心でいる」

このことばに対し、太田文相はあらためて意見をのべた。

「総理がそのようなお考えならば、わたしは国体問題をのぞいて、無条件受諾に賛成である」

阿南陸相が終戦に正面から絶対反対したのと、安倍内相が治安維持の点から若干終戦に難色を示したほかは全閣僚はポツダム宣言の受諾に賛成であった。

胸に突き刺さる陛下のおことば

午後十時をすぎても閣議の結論は出なかった。鈴木総理は立ちあがり、つぎのように言い残して、皇居へ向かった。

「これから参内して、陛下に上奏してくるので、みなさんは、ここでしばらくの間待っていてほしい」

鈴木総理は午後十時五十分すぎから陛下にお会いし、すぐ御前会議を開くことをきめ、その席に平沼騏一郎枢密院議長を同席させるというお許しを得た。平沼議長を参列させるについては、一つのふくみがあった。ポツダム宣言の受諾は、形式のうえで条約の締結になるので、当時の憲法上の解釈からみて枢密院にはかる必要がある。時日が切迫しているので、そんな余裕はない。そこで平沼議長を枢密院の代表としてとくに御前会議に参加させ、あとで問題がこじれないように配慮したわけである。首相官邸へ帰ってきた総理は、太田文相を使者として平沼邸へ走らせ、皇居へ向かう車のなかで、この間の事情をよく説明するよう命じた。

皇居の地下防空壕の一室で御前会議がはじまったのは、十日の午前零時すこし前だった。形式は、陛下の親臨を仰いで最高戦争指導会議を開くということであり、とくに通常の構成員六人に平沼枢密院議長を加えた七人が正式のメンバーである。これに最高戦争指導会議の幹事をつとめていた陸軍省の吉積正雄軍務局長、海軍省の保科善四郎軍務局長、池田《いけだ》純久《すみひさ》内閣綜合計画局長官に内閣書記官長のわたしの四人が出席した。蓮沼《はすぬま》［蕃《しげる》］侍従武官長も同席した。

会議室のテーブルの上には、あらかじめ、ポツダム宣言の訳文全文と甲案、乙案と書かれた二種類の文書が配布されていた。甲案には「七月二十六日づけ三国共同宣言にあげられた条件のなかには、天皇の国法上の地位を変更する要求を包含しおらざることの了解のもとに日本政府はこれを受諾す」と書いてあった。乙案には「七月二十六日づけ三国共同宣言につき、連合国において㈠日本皇室の国法上の地位の変更に関する要求は右宣言の条件中に包含しないものとする。㈡在外日本軍隊はすみやかに自主的撤退をなしたるうえ復員す。㈢戦争犯罪人は国内において処理する。㈣保障占領はしないものとするとの了解に同意するにおいては、日本政府は戦争の終結に同意す」と記してあった。

陛下は蓮沼侍徒武官長をつれて、お席の、うしろの入り口からはいってこられた。ご心痛のようすがありありとうかがわれた。わたしは、陛下の髪の毛が乱れて、数本ひたいのところへ垂れ下がっていたのをおぼえている。

議長の鈴木総理は、わたしにポツダム宣言の全文を朗読せよと命じた。宣言の内容は、とうてい陛下のまえで読むにたえないものだった。わたしは読み上げながら、涙があふれ出てきて、どうすることもできなかった。読み終わったあと、わたしはどのようにして読んだのか、ほとんどおぼえていなかった。

このあと、鈴木総理の指名によって東郷外相が立ち上がって、いちおうの経過を説明した。

「このさい、戦争を終結させるもっともよい機会であると思います。そのためには、天皇陛下の地位、すなわち、国体に変化がないことを前提としてポツダム宣言を無条件に受け入れるのがよいと思われます」という趣旨の意見を理路整然と述べた。

ついで、阿南陸相が指名された。

「わたしは、外務大臣の意見には反対であります。今日、なお、わが軍の戦力は絶滅したわけではありません。敵が本土へ攻めこんでくるなら、それを契機にして大打撃を与えるのは、まだ可能であります。そのさい、また、終戦の機会が与えられると思います。したがって、いまは死中に活を求める気迫をもって進まなければいけないと考えます。ただ、ここにある乙案によって戦争を終結させることができるならば、賛成してもよいと考えています」

米内海相は、きわめて簡潔に東郷外相の意見に同感であると述べた。平沼枢密院議長は、もろもろの状況について、列席の大臣、総長一人ひとりに質問したのち、外相の考え方に賛成であることを表明した。梅津参謀総長と豊田軍令部総長は、だいたい、阿南陸相と同じような意見を吐いた。

時計の針は、すでに十日午前二時を回っていた。意見はまっ二つに分かれ、三対三の対立になった。わたしは前もって鈴木総理と打ち合わせたとおり、総理に合図を送った。総理は、そこで立ち上がり、つぎのように提案した。

「本日は、列席者一同熱心に意見を開陳いたしましたが、いまに至るまで意見はまとまりません。しかし事態は緊迫しておりまして、まったく遷延を許さない状態にあります。まことに恐れ多いことではございますが、ここに天皇陛下のおぼしめしをおうかがいして、それによってわたしどもの意思を決定いたしたいと思っております」

そういい終えると、総理はしずかに陛下のお机のまえまで進んでいった。ていねいにお辞儀をしたあと、陛下に対して、こう申し上げた。

「ただいまおききのとおりでございます。なにとぞ、おぼしめしをおきかせくださいませ」

陛下は総理に向かって、席にもどるようにいわれたが、元来耳の遠い総理は、そのことばがききとれなかったのか、耳のところに右手をあて、ハイというふうにきき直した。総理がじぶんの席にもどると、陛下は少しからだを乗り出すようにして、口を開かれた。

「それならば、わたしの意見をのべよう。わたしの意見は、外務大臣の意見に同意である」

地下十メートルのところに掘られている防空壕のなかである。もの音ひとつきこえない。陛下の声は参列者の胸に突き刺さった。わたしは感きわまり、涙がほとばしり出た。まえにおいてあった書類には雨のあとのように涙のあとがついた。わたしの隣席の吉積局長、そのまた隣席の梅津参謀総長の書類の上にも涙のあとがにじんでいくのをみた。つぎの瞬間、すすり泣きの声がもれてきた。やがて、すすり泣きは号泣に変わった。わたしは涙のかなたにボンヤリと浮かびあがっている陛下のお顔を垣間みた。はじめは白い手袋の手で、親指をしきりに動かしてめがねを拭いておられたが、ついには両方のほおをしきりに拭《ぬぐ》っておられた。陛下のおことばはこれで終わりかと思っていたら、しばらくたって、腹の底からしぼり出すようなお声で「念のためにいっておく」と前置きされたのち、つぎのようなことを、とぎれとぎれにいわれた。

大東亜戦争がはじまってから、陸海軍のしてきたことをみると、どうも予定と結果とがたいへんちがう場合が多い。いま、陸軍、海軍では、さきほども大臣、総長が申したように本土決戦の準備をしており、勝つ自信があると申しているが、わたしはその点について心配している。先日、参謀総長から九十九里浜の防備について話をきいたが、実は、その後、侍従武官が現地をみてきての話では、総長の話とはたいへんちがっていて、防備はほとんどできていないようである。また、先日、編成を終わった師団の装備について、参謀総長から完了した旨の話をきいたが、実は、兵士に銃剣さえ行き渡っていないありさまであることがわかった。このような状態で本土決戦へ突入したら、どうなるか。わたしは非常に心配である。あるいは、日本民族はみんな死んでしまわなければならなくなるのではなかろうかと思う。そうなったら、どうしてこの日本という国を子孫に伝えることができるか。わたしの任務は祖先から受け継いだこの日本という国を子孫に伝えることである。今日となっては、一人でも多くの日本国民に生き残ってもらい、その人たちに将来ふたたび起ち上がってもらうほかにこの日本を子孫に伝える方法はないと思う。それに、このまま戦争をつづけることは、世界人類にとっても不幸なことである。もちろん、忠勇なる軍隊の武装解除や戦争責任者の処罰など、それらの者はみな忠誠を尽くした人びとで、それを思うと、実にしのびがたいものがある。しかし、今日は、そのしのびがたきをしのばなければならないときだと考えている。わたしは、明治天皇の三国干渉のときのお心持ちも考え、わたしのことはどうなってもかまわない。たえがたいこと、しのびがたいことではあるが、この戦争をやめる決心をした。

ポツダム宣言受諾の準備成る

すべては、陛下のおことばによってきまった。ときに十日の午前二時二十分であった。このあと、参列者は居残って、甲案をもって最高戦争指導会議の決定とすることを決議した。わたしは甲案に最高戦争指導会議構成員の花押《かおう》（一種のサイン）を求めた。このとき、平沼枢密院議長から重大な発言が行なわれた。

「この文書のなかにある〝天皇の国法上の地位〟という表現は、わが国体に照らし合わせて、たいへん不適当である。天皇の地位は神ながらにむかしからきまっているのであって、憲法によって定められたものではない。憲法はただ神ながらの天皇の地位を記しただけのものだから、この表現には反対である。いったい、だれが起草したのか」

これには、いきさつがあった。御前会議がはじまるまえの会合で、東郷外相は、この部分を「天皇の身位」と表現したほうがよいと主張したが、わたしは、身位といえば天皇個人の立場のような響きがあるので、もう少し公法的な感じを出すために「天皇の国法上の地位」としてはどうかとの対案を出した。東郷外相はいかにも気が進まないというようすだったが、終局的には同意した。したがって、この平沼枢密院議長の発言について、わたしは、そのよってくるところをくわしく説明したが、どうしてもきき入れられなかった。仕方がないので、わたしは鈴木総理の裁断をあおぐことにした。総理は、こういった。

「平沼さんのいうとおりにしよう」

わたしは改めて平沼議長に意見を求め、かれのいう「天皇の国家統治の大権」という表現に書き改めた。総理も賛成であった。

一同が退出して、防空壕の入り口にさしかかったとき、陸軍省の吉積軍務局長が人々をかきわけるようにして、先頭の鈴木総理に近づいて、叫んだ。

「総理、これでは約束がちがうではありませんか」

鈴木総理が吉積局長のほうを振り向いたとき、かたわらを歩いていた阿南陸相が吉積局長のからだを押しやるようにして、鋭い語調でたしなめた。

「吉積っ、もうよいではないか」

参列者のうち、閣僚たちは首相官邸へ帰った。御前会議でポツダム宣言受諾の方針はきまったが、国としては、このあと国家の意志をきめるため、閣議を開き、最終的な意志表示を行なう必要があった。閣議は、十日の午前三時から開かれ、平沼枢密議長の意見にしたがって字句の修正をしただけの甲案を承認することになった。阿南陸相もためらうことなく花押した。

ここで、外務省では遅滞なく、ポツダム宣言受諾についての連合国への措置をとった。

十日の午前七時ころ、スイス駐在の加瀬《かせ》［俊一《しゅんいち》］、スウェーデン駐在の岡本《おかもと》［季正《すえまさ》］両公使あてに電報を打った。加瀬公使はスイスを通じて、米、中の両国へ、岡本公使はスウェーデンを通じて英、ソ両国にそれぞれ日本政府の意志を伝えてもらうようたのんだ。その内容はつぎのとおりである。

帝国政府においては、人類を戦争の惨禍よりまぬがれしめんがため、すみやかに平和を招来せんことを祈念し給う天皇陛下の大御心にしたがい、さきに大東亜戦争に対して、中立関係にあるソビエト連邦政府に対し、あっせんを依頼したが、不幸にして、右帝国政府の平和招来についての努力は結実をみなかった。ここにおいて、帝国政府は、前に明らかにしたように天皇陛下の平和に対するご祈念にもとづき、即時、戦争の惨禍をのぞき、平和を招来させようと思い、つぎのとおり決定した。

帝国政府は、昭和二十年七月二十六日、米英支三国首脳により共同に決定、発表せられその後、ソ連邦政府の参加をみた対本邦の共同宣言にあげられた条件のなかには、天皇の国家統治の大権を変更するという要求をふくんでいないことを了解して、帝国政府は、これを受諾する。

帝国政府は、この了解に誤りはなく、貴国政府がその旨、明確な意志をすみやかに表明せられるよう切望している。帝国政府はスイス国政府、スウェーデン国政府に対し、すみやかにこのしだいを米国政府および支那政府、英国政府およびソ連政府に伝達してもらうことを要請する光栄をもっている。

さらに、この日の午前九時、改めてこの各連合国に対する日本政府の通告を英文でもって両公使に打電し、かつ、この英文を正文とし、日本文は訳文とする旨を電報した。しかし、この英文については、さらにこれに照応する訳文として日本文を打電したが、この二度目に打電した日本文は、第一電とはいくらかちがっているので、念のため、あとからの電文を再録しておく必要がある。第二電は、つぎのようになっていた。

帝国政府においては、つねに世界平和の促進を願い給い、今次戦争の継続によりもたらされる惨禍より人類をまぬがしめるため、すみやかなる戦争の終結を祈念し給う天皇陛下の大御心にしたがい、数週間前、当時、中立の関係にあったソビエト連邦政府に対し、敵国との平和回復のため、あっせんを依頼したが、不幸にして、この帝国政府の平和招来に対する努力は実を結ばなかった。ここにおいて、帝国政府は、天皇陛下の一般的な平和克服についてのご祈念にもとづき、戦争の惨禍をできるかぎりすみやかに終止させたいと思い、つぎのとおり決定した。

帝国政府は一九四五年七月二十六日、ポツダムにおいて、米英支三国首脳により発表せられ、その後、ソ連政府の参加をみた共同宣言にあげられた条件を、右の宣言は天皇の国家統治の大権を変更する要求をふくんでいないという了解のもとに受諾する。帝国政府はこのように了解して誤りないことを信じ、本件に関する明らかな意向がすみやかに表示せられるよう希望している。

この電報を受け取った加瀬公使は、十日の午後六時、スイス政府に米、支両国政府へ伝達方をたのみ、岡本公使は、同じ日の午後八時、スウェーデン政府に英、ソ両国へ伝達するようこの英文の正文をたのんだとの電報が折返し舞いこんだ。もっとも、岡本公使は、第一電が到着したあと、一刻も遅れてはならないと思い、英文の正文が着くまえに公使館でかりの英訳文をつくり、十日の午前十一時四十五分、スウェーデン外相に手渡していた。ところが、スウェーデンの外相は「参考のため、ききたいが、天皇の国家統治の大権を変更しないというくだりは、国家の統治組織を意味するのか、または、天皇のご一身上の地位に変更がないことを意味するのか」と質問してきた。岡本公使は「訓令のなかには、なんらの説明もないが、両者をともに含む意味だと解釈している」旨を答えた。これは平沼枢密院議長の強い主張による修正であったが、天皇の国家統治の大権という表現は、外国人には、やはり、わかりにくい文句であったらしく、このようにスウェーデンの外相に疑義を抱かせたばかりでなく、その後、この電文を受取った連合国の間でも問題になった点である。

八月九日、箱根に疎開していた駐日ソ連大使マリクは、東郷外相に会見を求めてきた。用向きはすでにわかっていたので、東郷外相はいちおうことわり、十日の午前十一時から会おうと約束した。

その日、外務省へやってきたマリク大使が、ソ連政府の日本政府に対する宣戦布告の伝達書を朗読し終わると、東郷外相はおもむろに口を開いた。ゆっくりとした口調だったが、語気は鋭かった。

「ただいまの宣言は了承したが、日本とソ連とは長い間友好関係を保とうとして今日まで外交交渉に力を入れてきた。最近では、わざわざ広田元総理をわずらわして、あなたと話合いを進めていたのにソ連側の返事はまだこない。なお、戦争の惨禍から人類を救うため、なるべくすみやかに戦争を終わらせたいとの陛下の大御心により、これをソ連側に伝え、日ソ間の関係の強化および戦争終結についての話合いをするため特使を派遣したいと申し入れたが、これについての返事もまだ入手していない。わがほうでは、戦争終結に関するソ連政府のあっせんの回答を待っていわゆるポツダム宣言についての態度を決定する資料にしたいと考えていたわけである。あなたのほうでは、日本が三国共同宣言を拒絶したといっておられる。それは、いったい、どんな資料から知られたのか承知しないが、前にのべた事実にかんがみ、あなたのほうでは日本になんらの返事もしないで、突如として国交を断絶し、戦争状態に入るといわれるのは、不可解千万、東洋における将来の事態よりして、はなはだ遺憾にたえない。これはやがて世界の歴史が正しく判断してくれると思われるので、これ以上申しあげることはさし控える。日本政府は、人類を戦争の惨禍からまぬがれさせるためなるべくすみやかに平和を招くことを祈っておられる天皇陛下の大御心にしたがい、ソ連政府にそのあっせんをたのんだが、不幸にして帝国政府の努力が実を結ばなかったのは、ご承知のとおりである。しかし、帝国政府は陛下の平和に対するご祈念にもとづき、平和を回復し、戦争の惨禍をすみやかに取りのぞきたいと思い、ポツダム宣言は天皇の統治者としての大権を変更するものでないという了解のもとにこれを受諾することをきめた。これに関しては、すでにスウェーデン国を通じて通告の手つづきをとった。だから、あなたのほうでご異存がなかったら、本国政府に正確に伝えてもらいたい」

東郷外相はマリク大使に対して、陛下が平和についてたいへん強い気持をもっておられることをとくに強調した。マリク大使は、東郷外相が「今度ソ連のとった措置は世界の歴史が正しく判断するだろう」といったことに腹を立てたらしく、すぐに「歴史は公平な審判者である」とオオム返しに答えた。さらに日本がポツダム宣言を拒否したということは、原子爆弾の使用についてトルーマン大統領の声明のなかにもあるといって、東郷外相の舌鋒をかわした。最後に東郷外相はきびしいことばで、ソ連の背信を責めた。

「これまで友好関係にあった両国がまだ話合いをしている途中なのに一片の回答もしないで、アメリカやイギリスなど両国にとっては第三者にあたるものとの関係を引き合いに出して宣戦を布告するのは、どう考えても了解に苦しむ」

よほど身にこたえたのか、マリク大使はだまりこんでしまった。これ以上長居をする必要はないと思ったのか、つぎのようなことばを残して、外務省をあとにした。

「ポツダム宣言受諾の件は本国に伝達するが、わたしにもひと言だけいわせてほしい。歴史はいかにソ連が平和の強化に貢献しているものであるかを立証するだろうということを申しあげておきたい」

なかなかこない連合国側の返事

事態は大詰めにきた。日本の政府が了解事項を附してポツダム宣言を受諾するという通告をしたのに対し、連合国側がどんな反応を示し、回答してくれるか、政府や軍の関係者たちは、首を長くして待っていた。まる一日たったが、連合国側からはなんの音沙汰もない。ただ、十一日になってから、一度も空襲警報のサイレンがきかれなかった。人々のなかにはふしぎなことだという人もいたが、わたしたちは連合国側がなんらかの協議をしているのだろうと想像した。

五月二十五日の空襲で官舎を焼き払われたわたしは、仮住まいの首相官邸内内閣書記官長室でほんのひとときまどろんだ。

十二日の午前零時四十五分、外務省のラジオ室がサンフランシスコ放送をキャッチしたという情報が入ってきた。つづいて同盟通信社も傍受したらしい。同社の長谷川才次外信部長は、わたしの年来の友で、ことあるごとに助けてくれた。このとき長谷川君が伝えてくれた最初のＡＰ電によると、連合国は日本の申し入れを拒否するらしいということだった。私はガッカリした。陛下をはじめ、政府の関係者たちが全力をあげて和平への工作を積み重ねてきたのに、結果は水泡に帰するのかと思うと、いても立ってもおられない気持ちだった。それからまもなくＵＰのフラッシュがはいってきた。日本政府は連合国軍最高司令官を通して国務を遂行するという趣旨だと伝えてきたが、まだ、満足な回答ではない。困ったことになったと、首相官邸のなかは憂色に包まれた。

午前三時ころだった。同盟通信社から長谷川君の使いとして安達鶴太郎《あだちつるたろう》君がやってきた。安達君は外国放送から傍受した連合国側の回答の全文をもってきた。英文のままタイプしたものである。私は、それを読んでやや愁眉《しゅうび》を開いた。そこへ外務省の松本俊一事務次官が訪ねてきた。われわれ三人は、英文の回答文を仔細に検討しながら、意見を交換した。回答文は正面きってこちらの了解を受け入れるような表現ではないが、といって、決して否定しているわけでもない。否定していない以上、こちらの了解は成立するものと解釈してよいわけだが、なんとしても割り切れない感じが残った。ことに第一項の「サブジェクト・ツー」という文字が気にかかった。第四項も問題である。わたしは、すぐ、鈴木総理の私邸へ車を走らせ、ありのままを報告した。総理は胸中深く決するところがあったのか、ことば短かにこういった。

「ともかく、戦争は終わらせなければいけません」

松本俊一は、そのときのことを手記のなかでつぎのようにのべている。

八月十二日の午前二時すぎ、外務省ラジオ室から敵側が回答を放送した旨、知らせてきた。ほとんど同時に総理官邸の迫水書記官長からも知らせがあったので、霊南坂の官舎を出て総理官邸へ向かった。午前三時ころ、迫水君のところへ同盟に入電した回答の全文をもってきた同社の安達鶴太郎君と三人で、回答文を研究した。迫水君と安達君は、すでに回答文を読んでいたが、すこぶる落胆したような面持ちであった。わたしもだまって読んだ。第一項と第四項とがヒシヒシと神経に響く。これはいかんと思いながら、また、読み返した。第一項の、例の subject to うんぬんについては、わが国の治外法権のことを例にとれば、暫定的のことでもあるから、強硬論者を説き伏せ得ると考えた。ことに敵も天皇の存在を前提として立論している。第四項は、不戦条約のときの前例もあって、国体論者からは強い反対を予想せねばならぬ。また、こうなったうえは、天皇の問題も結局人民がこれを認めるか否かにかかってくることはやむを得ない。とにかく、敵も天皇の存続はいちおう認めて、この回答を送ったもので、多少かえりみて他をいうことによって、日本の通告を黙認したものとも受けとれる。こう考えて、わたしは迫水君に「これでだいじょうぶだ。このうえ交渉を重ねることは、決裂に導くだけで、なんにもならない。これを鵜のみする以外に手はない。この際、なんとしても戦争は終わらせなければならぬ。わたしは外務大臣をくどくから、君は総理をくどいてくれ」といって、わたしは広尾の外務大臣の私邸へ向かった。五時半ころ、安東、渋沢の両局長と四人で回答を検討する。大臣は、第一項についてはあまり心配ないが、第四項はすこぶる問題だから、諸君もよくその研究をしてくれとのことであった。わたしはその足ですぐ総理官邸へ行った。そして、応接室で迫水君と朝食をとりながら相談した。迫水君は、総理はさっき君の話した意見に同意だといったので、わたしは、迫水君に心から感謝して、またすぐ東郷大臣に会って総理の決意を話し、大臣の決意をうながした。大臣も、それではこのままのむ方針で行こうと決意を示したので、わたしは非常に心強く思った。

八月十二日の午前十時から閣議が開かれた。東郷外相は、この新聞情報による先方の回答を披露して、当方の了解事項は承認されたものと解すべきであるという意見を述べたが、外交ルートを経由する正式な回答が未着なので、若干の意見交換があっただけで散会した。

問題になったサブジェクト・ツー

八月十三日早朝、日本がポツダム宣言を受け入れることについて、連合国側から外交ルートを通じて正式の回答があった（実は十二日夕刻外務省に到着していたのを外務省はかくしていた。わたしは少しも知らなかった）。

そこで、わたしは、鈴木総理に、最高戦争指導会議の構成員だけを集めて会議を開くことを進言した。午前九時、全メンバーがそろった。ポツダム宣言を受け入れるかどうかのだいじな瀬戸ぎわなので、当然、軍側から反対意見が出されることが予想された。反対とはいかないまでも時間を引きのばすためになにかと文句をつけてくるのではないかと考えた。

わたしの予想は、不幸にも的中した。阿南惟幾陸軍大臣と梅津美治郎陸軍参謀総長、それに豊田副武海軍軍令部総長がクレームをつけてきた。連合国側の正式回答のなかにあいまいな表現があるので、もう一度照会の電報を打ち、ハッキリした答をもらうべきだというのが軍側の一致した意見である。

米、英、ソ、支の四か国の連名でいってきたポツダム宣言受け入れに対する回答の全文はつぎのようなものであるが、このなかの第一項および第四項が問題になった。

ポツダム宣言の条項はこれを受諾するも、右宣言は、天皇の国家統治の大権を変更するという要求をふくんでいないことの了解をあわせのべた日本国の通報について、われわれの立場は、つぎのとおりである。

降伏のときから、天皇および日本国政府の国家統治の権限は、降伏条項を実施するためその必要と認むる措置をとる連合国最高司令官の制限のもとにおかれるものとする。

天皇は日本国政府および日本帝国大本営に対し、ポツダム宣言のもろもろの条項を実施するため、必要な降伏条項に署名する権限を与え、かつ、これを保障することを要請せられ、また、天皇はいっさいの日本国陸海空軍官憲およびいずれの地域にあるを問わず、右官憲の指揮下にあるいっさいの軍隊に対し、戦闘行為を終わらせ武器を引渡し、降伏条項実施のため最高司令官の要求することあるべき命令を発するように命じなければならない。

日本国政府は、降伏後ただちに俘虜および日本に抑留されている者を、連合国の船舶にすみやかに乗せ安全な地域に移送しなければならない。

日本国政府の最終的なかたちは、ポツダム宣言にしたがい、日本国国民の自由に表明する意志によって決定されるものとする。

連合国軍隊は、ポツダム宣言にかかげられたもろもろの目的が完遂せらるるまで日本国内にとどまることにする。

わたしは、この正式回答の全文を読んだとき、第一項の「サブジェクト・ツー」という言葉が気になった。「制限のもとにおかれる」と訳しているが、辞書には、いろいろの訳が書いてある。果たして、陸軍の事務当局では「隷属」という訳を採用して奴隷のような立場におかれるのだと主張し、これでは国体の護持は、事実上できないのではないかといってきた。わたし自身は、この「サブジェクト・ツー」が法律用語としては「なになにすることを妨げず」という場合に使用されるのが通例になっているのを知っていたから、陸軍の連中がいうように、いきり立つ必要はないと考えた。これはたしかに問題点ではあるが、日本が戦争に負けたのだから、いまさら、日本政府の権限が完全無欠のまま残されないのはあたりまえのことだから、本質的な問題ではなかった。それよりも第四項の「日本国政府の最終的なかたちは、日本国国民の自由に表明する意志によって決定されるものとする」のほうが重大な問題をふくんでいるように思われた。わたしは日本国民の自由に表明する意志ということになれば、形式的には天皇制の存在が国民の意思によって左右されるように解釈され、国体の本義に反するという議論が出てくるのではないかと思った。わたしは国民の意志は天皇の大御心に帰一し、天皇は国民の意志をもってご自分の意思とされるのが日本の実体であって、両者は決して二つに対立することなく、つねに同一であるという信念をもっていたので、国民の意思という表現はいかにも外国流ではあるが、そんなに気にすることはないと考えた。

しかし、これについてはまず、平沼騏一郎枢密院議長がとりあげ、鈴木総理を訪ねてきた。平沼さんは、先方の回答をそのまま受け入れると、日本の国体は護持されないので、もう一度照会して、天皇制の存続についてはっきりした回答をもらうべきだと鈴木総理に迫った。万事に慎重な総理は、別に自分の意見をのべることもなく、ただ、だまって平沼さんの話をきいていた。阿南陸相も同じような意見を吐き、やはり、もう一度照会するほうがよいと主張した。阿南陸相はこのほかに第二項の武装解除と第五項の占領軍の駐留についても撤回してもらうよう交渉してほしいとつけ加えた。

平沼枢密院議長が再照会論者であることを知った軍の連中は、大挙して平沼邸へ押しかけ、入れかわり、立ちかわり、もっとがんばってほしいとあと押しした。平沼邸は、あたかも抗戦派の本部のような観を呈していた。

一方、梅津陸軍参謀総長と豊田海軍軍令部総長は、直接上奏するという権限をもっていたので十二日の朝早く皇居へ行き、このような条件で和平を行なえば、日本は連合国の属国になり、一般国民や軍人はその進むべき方向を失い、ひいては内部から崩壊がはじまり、日本の国は滅亡するよりほかに道はありませんとはげしい口調で奏上した。それからまもなく、東郷外相は陛下のもとへ行き、先方の回答は、だいたい、わがほうから申し出たる了解事項を承諾したものと認められますと言上した。陛下は「じぶんもそのとおりだと思うので、和平をとり結ぶようにしなさい。決して和平のいとぐちを切ってしまってはいけない」とのおことばを東郷外相に伝えられた。

東郷外相は、皇居へ向かうまえに鈴木総理を訪ねてきた。このとき、総理は外相に対して、こんな質問をした。

「ご存じのように平沼枢密院議長や阿南陸相たちが、もう一度、連合国側に照会すべきだといっているが、照会の可能性はあるだろうか」

東郷外相は、終戦を達成することで頭がいっぱいになっていたので、キッパリことわった。

「いまとなっては、照会するのはまずいようです。ヤブを突っついてヘビを追い出すようなことになるかもしれませんので、わたしとしては、もう、照会などしないほうがよいと思います」

鈴木総理の質問をきいて、東郷外相は、総理が軍部からの突き上げで、いくらか動揺しておられるのではないかと思ったらしい。皇居へ足を踏み入れた外相は、まず、木戸幸一内大臣にこのことを報告し、総理がなんといおうと、内大臣はじぶんに協力してもらいたいとたのんだほどである。わたしは、このときの総理、外相の会見に立ち会ったが、わたしのみた限りでは、鈴木総理の心境に動揺のきざしがあったとは思わない。むしろ、いつものとおり淡々として、いちおうの質問をし、これに対する外相の意見をきいたにすぎなかった。

阿南陸相の腹芸に感激する

十三日の午前九時からはじまった最高戦争指導会議では、意見がまっ二つに分かれた。阿南陸相と梅津陸軍参謀総長および豊田海軍軍令部総長の三人は、再照会論を強く主張してゆずらなかった。東郷外相は、いつもの低い声ながら、再照会をしても不利な材料が加わるばかりだから、しないほうがよいと再照会絶対反対論を唱えた。鈴木総理と米内海相の二人が東郷外相の意見に賛成したので、意見は三対三のまま平行線をたどった。会議はいつ果てるともしれない状態になったが、最後は、みんながもう一度考えてみようということで散会した。東郷外相は、ひるすぎに皇居へ行き、会議の結果を陛下に奏上した。陛下から重ねて「これまでにきめた方針にしたがって戦争を終結させるのがいちばんよいと思う。このことは総理にもよく伝えるように」とのおことばを賜わった。

東郷外相が皇居へ出かけてまもなく、わたしの机の上の電話のベルが鳴った。声の主は、東条英機元首相の代理だといった。用向きをきくと、連合国側の回答を受け入れるについていくつかの疑問があるので、東条さんが鈴木総理に直接会って話をききたいといっているので、ぜひ会わせてほしいということである。わたしは自分だけの判断で、いまの総理にはそんな時間的な余裕はないといってことわった。

東郷外相の皇居からの帰りを待って、午後三時から首相官邸で閣議が開かれた。このときの光景は、いまもわたしの眼底に焼きついて離れない。ことに鈴木総理が最後の力をふりしぼって閣議をリードした姿は、忘れようとしても忘れることができない。

鈴木内閣が発足してから四か月以上の月日が流れていたが、その間の閣議で、総理はほとんどじぶんの意見をのべなかった。終戦の問題が起こってからの閣議は、いつも緊張した空気に包まれていたが、それでも鈴木総理の態度は終始変わらなかった。各大臣の意見をきくだけで、自分から積極的な意見を吐くことはなかった。ところが、この日はまったく事情がちがっていた。

「まず、東郷外相から連合国側の正式回答について話をしてもらいます。それから、きょうの午前中に開きました最高戦争指導会議のもようも報告してもらいますので、みんな、よくきいてください」

鈴木総理の声には、どこかにハリが感じられた。東郷外相が報告をはじめると、総理は両の手をひざの上において、しずかに目をつぶっていた。おそらく、この四か月間のめまぐるしかった内外の情勢を思い出し、一つ一つのできごとを回想していたにちがいない。東郷外相の話が終わると、鈴木総理は一段と声を張りあげた。

「いよいよ、最後の決定をしなければならない段階に到達しました。きょうは、みなさま方、全閣僚から忌憚のない意見をうけたまわりたいと思っています」

ことばには厳然とした響きがあった。総理は、自分のすぐ左側に席を占めている松阪広政法相をまず指名して、意見を求めた。

この閣議が開かれる直前、わたしは総理大臣室に鈴木総理を訪ね、つぎのような提案をした。

「きょうの閣議は、あまり長い時間をかけないほうがよいと思われますので、最初に総理から〝各大臣の発言は理由を省略して結論だけを簡潔にのべてもらいたい〟といわれたらいかがでしょう」

総理も同じようなことを考えていたらしく、そのとおりにしようといった。閣議がはじまると総理はそのことを忘れていたのか、なんの発言もない。わたしは、松阪法相の意見がのべられるまえに立ちあがって、つぎのように発言した。

「みなさま方のご意見をうけたまわるまえに、総理のご希望をわたくしが代わって申し上げます。このあと、行事がたくさんつまっていますので、ご意見の発表については、理由をさし控えていただきまして、ただ結論だけを簡潔にお願いしたいと思います」

各大臣は、いろいろの意見を述べた。大部分の閣僚は、先方の回答を承認すべきだとはっきりいう人が多かったなかで、阿南陸相の再照会論を支持する人も何人かいた。鈴木総理に一任しようではないかという人もいたし、なにかとことばをにごして結論をいわない人もいた。結論をいわない大臣に対して、総理はめずらしく「あなたの結論はどうなんですか」と問い返した。

閣議のリーダーは、もちろん、鈴木総理だが、この日の主役は東郷外相といってもよかった。東郷外相は何度も発言した。

「これ以上戦争をつづけても成算がないので、十日のご聖断になったわけですから、いまさら再照会して、話のいとぐちを切ってしまっては、天皇陛下のお気持ちに反することになります。わたしはきょうの午前中、皇居へ行き、陛下にお目にかかってきました。陛下からは既定の方針にしたがって終戦の手つづきをするようにと重ねておことばを賜わりました」

閣議がはじまってまもなく、わたしは阿南陸相から呼ばれた。陸相は、わたしをつれてとなりの部屋へ入り、すぐ、陸軍省の軍務局長室へ電話をした。そして、つぎのようなことをいった。

「いまさっき、閣議がはじまったが、閣僚たちはだんだん君たちの意見を了解する方向に向かいつつある。だから、君たちはわたしがそちらへ帰るまで動かないで、じっと待っていてもらいたい。ここにいま内閣書記官長がいるので、もし、閣議のもようを直接ききたいと思うなら、電話を代わってもよい」

わたしはびっくりした。閣議の空気は、まったく反対の方向へ向かい、阿南陸相はまさに孤軍奮闘のかたちである。わたしは、陸相がどうしてこんなことをいうのか、じぶんの耳を疑ったがすぐに陸相の真意を悟った。わたしは陸相の腹芸に感激した。その瞬間、もし、軍務局長がわたしと話をしたいといい出したら、陸相のことばに口裏を合わせようと決心したが、先方はその必要がないといったのか、陸相はそのまま電話を切り、ふたたび閣議の行なわれている部屋へ戻っていった。

わたしも閣議室へ入ったが、こんどは総理大臣秘書官からの呼び出しを受けた。席のあたたまるひまもない忙しさだったが、廊下へ出てみると、いま総理秘書官と話をしてきたという朝日新聞社の柴田《しばた》敏夫《としお》記者が立っていた。なにか重大なことが起こったらしく、柴田記者の顔にはありありと緊張の色がみなぎっている。かれは一枚の紙切れをさし出した。そして、いった。

「内閣書記官長はこれをご存じですか」

紙切れを受け取り、目で文字を追うと、つぎのようなことが記してあった。

「大本営十三日午後四時発表。皇軍は新たに勅令を拝し、米英ソ支四か国軍隊に対し、作戦を開始せり」

わたしは息せき切って、柴田記者に質問した。

「これは、いったい、どういうことなんだ。大本営がいまごろこんな発表をするはずはないじゃないか」

「おかしいですね。この発表は、すでに新聞社や放送局に配られ、ラジオでは午後四時に放送することになっているんです」

柴田記者の話が終わるか終わらないうちにわたしはその紙切れを握りしめ、閣議室へとんで帰った。全閣僚の視線がわたしの一身に集まったような気がした。わたしは阿南陸相のところへ行き、くだんの紙切れをさし出した。

「大臣、あなたはこの大本営発表をご存じですか」

紙切れに目を通し、一読した阿南陸相は、首をヨコに振った。

「いやあ、全然、知らないね。大本営からの発表は参謀本部の所管なんだから、念のため、きいてみたらどうだろう」

わたしは内閣綜合計画局長官の池田純久中将が梅津参謀総長と同郷で、非常に親しいことを知っていたので、かれにたのもうと思った。わたしは、閣議室のなかにいた池田中将のところへ行き外へ出てもらった。

東郷外相再照会論を蹴る

鈴木内閣がスタートを切ってからまもなく、わたしは、総理にたのんで内閣綜合計画局長官に秋永月三陸軍中将を起用してもらったが、秋永長官は、七月の下旬、からだの調子が思わしくないといって辞任し、代わって池田中将が長官のイスについていた。ことの重大さにおどろいた池田長官は、すぐ、車をとばし、梅津参謀総長に会いに行った。ことの真疑をただしたら、梅津参謀総長は知らないという。大本営の発表を参謀総長が全然知らないというのは、どうも腑に落ちない。池田中将からの連絡を受けたわたしは、とっさに、これはだれかが勝手につくった発表文案で、正式のものではないと判断した。そこで、池田中将から梅津参謀総長にたのんで、すぐ、取り消してもらうよう手はずをととのえた。時計の針は、午後三時半を回っている。まもなく四時になるというときになって、やっと池田中将から電話連絡があった。

「梅津さんにあちこちあたってもらった結果、この発表を取り消すことになった。新聞社や放送局へ手配をして、いま、やっと措置を終わったばかりだ」

わたしは、一度に肩の荷がおりる感じだった。あとでわかったことだが、この発表文は、大本営の報道部が勝手につくりあげ、陸軍次官と参謀次長の決裁をもらっていた。

主役は、もちろん、大本営報道部の若い将校たちである。もし、この発表が誤っておおやけにされていたら、軍を中心として大きな混乱が起こり、終戦の工作があのように円滑に運んだかどうかわからない。わたしは、内報してくれた朝日新聞社の柴田記者に深く感謝した。

閣議では、結局、意見は統一されないままに翌日さらに閣議を開くことにして散会した。この閣議で鈴木総理はつぎのようにはっきりと自分の意見をのべた。

わたしは、内外の形勢が大きな変化をみせるのをじっと見守ってきたが、陛下のご聖断もあり、戦争終結の決心をしました。こんど、連合国側の回答を受け取ってみると、受諾しがたいようにみえる部分もありますが、よく読んでみますと、米国は決して悪意で書いているわけではなく、天皇制について変更を要求しているものではないように感じます。日本と米国とでは、国情も思想も違うのですから、文句のうえで異議を唱えてもはじまらないし、表現をなおしてほしいといっても先方にはわからないだろうと思います。問題は終戦になってからの武装解除や占領にさいしての先方のやり方にあると思われるが、これについては、双方がじゅうぶん用心して、ことを運ぶように努力する必要があると思います。国体の護持について不安のあることもたしかですが、だからといって戦争をつづけるのは、危険なことです。戦争を継続して、死中に活を求めることがあっても大勢をくつがえすには至らないでしょう。陛下の臣子として忠誠を誓い、最後まで戦い抜くのは当然のことですが、陛下がご聖断をおくだしになったのは、もっと高い見地から日本という国を保存し、国民をいたわるという広大なおぼしめしによるものとわたしは拝察しています。ご聖断にもとづいて、わたしは戦争を終結させなければいけないと考えています。きょうの閣議のもようは、ありのままを陛下に奏上し、重ねてご聖断を賜わる考えでいます。

鈴木総理のこの所信表明のあとにも阿南陸相が東郷外相に質問をしはじめた。

「終戦への政府の方針はだいたいわかったが、軍の武装解除はわれわれが自主的にやりたいと思うし、保障占領は少くとも本土周辺の島だけにしてもらい、そこから本土を監視するかたちにしてほしいと思うので、もう一度、先方に申し入れて回答を得たいと思うがどうだろうか」

阿南陸相の質問に対して、東郷外相は、いつものような低い声で、こう答えた。

「いまさら新しい条件として、そのようなことを申し入れても相手はきき入れないにきまっています。阿南さんのいわれることはよくわかりますので、申し入れというかたちではなく、終戦の話合いのなかで、外交交渉の一部として切り出してみましょう」

このあと、安倍源基内相が重大な発言をしている。

「このままのかたちで終戦になれば、国内は大混乱を起こすにきまっている。わたしは内務大臣として国内の治安に責任がもてないかもしれない」

安倍内相は、おそらく、軍に同調している右翼団体の連中が鋒起するかもしれないので、責任がもてないということをいったものと思われるが、わたしはこれでは困ると感じ、閣議後町村金五警視総監に首相官邸へきてもらった。町村さんは、わたしに対して、キッパリとこういった。

「内務大臣がなんといわれようと、わたしが全責任をもって治安維持をはかりますから、どうぞ、ご安心ください」

わたしは、町村警視総監をほんとうにたのもしいと思った。すぐ、鈴木総理のところへ案内した。町村総監は、総理に対しても同じことをいった。そのことばをきいて、鈴木総理もたいへん安心した。

閣議が終わったのは、午後七時ごろだと思うが、夏の日は長く、窓の外はまだほの明かるかった。閣議が解散したのち、わたしは梅津参謀総長と豊田軍令部総長の二人に呼ばれた。

「米国に対する再照会の問題について、まだ少し話合ってみたいので、われわれ二人と東郷外相の三人だけで話合う機会をつくってくれないか」

わたしは、これ以上話合いをしても新しい方法が出てくるわけでもないので、なんとか理由をつけてことわろうとも思ったが、両総長の熱心な懇請に負けて、東郷外相にかけあってみますと返事した。東郷外相が会談を拒否するのではないかと思いながら、外務省へ電話をしたら、意外にも会ってみようということばが返ってきた。

午後九時すぎから、首相官邸のなかの閣僚室で、三者の会談がはじまった。わたしは、部屋のなかの空気を少しでもやわらげようと思い、とっておきの紅茶やウィスキーなどを持ち出してもてなしたが、二人の軍の首脳は何度も再照会論を切り出して東郷外相に食い下がり、紅茶やウィスキーにはいっさい手をつけない。わたしはずっと同席していたわけではなく、ときどき座をはずしては書記官長室との間を往復した。二人の首脳は辞を低うして東郷外相の翻意をうながしているようだったが、東郷外相は特長のある鹿児島なまりで、簡単に「そういうことはできません」というだけで、取りつく島がなかった。

海外向け放送に怒った将校たち

三者会談はどこまでも平行線をたどっている感じだったが、いつ終わるともしれない。とうとう三時間以上を費し、十四日の午前零時近くになった。そのころ、海軍軍令部次長の大西瀧治《おおにしたきじ》郎《ろう》中将がやってきて、豊田軍令部総長に面会したいといった。わたしが案内すると、大西中将は、三者会談が行なわれている閣僚室のドアをあけて一礼し、軍令部総長のそばへ行って、こういった。

「いま、高松宮さまにお会いしてきましたが、宮さまはなんと申しあげても考えをお直しくださいません。それどころか、海軍は陛下のご信用を失ってしまっているので、もっと反省せよとお叱りのことばさえ受けました」

いい終わって、大西中将はうなだれた。ちょうどそのとき警戒警報のサイレンが鳴り響いた。これをしおに東郷外相は席を立ち、官邸から帰っていった。二人の軍の首脳も仕方がないので、帰っていった。大西中将だけは、書記官長室にいるわたしのもとへやってきて、握手を求めた。大西中将の両の目には涙がいっぱいあふれていた。両手でわたしの両手を握りしめこういった。いつしか涙声になっていた。

「じぶんたちは、戦争に勝つために今日まで真剣な努力を積み重ねてきたつもりだったが、いま、この最後の段階にきて考えてみると、やはり、まだ、真剣味が足りなかったような気がして深く反省している。現在の真剣さをもってすれば、近い将来に局面を好転させるような名案が浮かぶかもしれないと思っている。なんとか、ここで戦争を継続するような、よい考えはないものだろうか」

大西中将は、海軍の特攻隊の生みの親ともいわれた人で、若い人たちを数多く死地へ追いやった責任を一身に感じていたのかもしれない。純粋な心根の持ち主だということをきいていたので大西中将の流す涙は、ちょうど真珠の玉のように思われた。航空機の生産能力がしだいに落ち、性能も悪くなっていたので、大西中将の主張する特攻作戦も思うにまかせなくなっていた。それだけに一億玉砕の覚悟で戦争をつづけ、死中に活を求める決心でいたようである。大西中将は、終戦直後、割腹自決したが、わたしはあのときのかれの手のぬくもりをいまも忘れない。

八月十三日の午後になると、同盟通信社や外務省から、いろいろな情報が舞いこんだ。アメリカからの放送は、日本からのポツダム宣言受け入れの回答が遅れていることをしきりに責めているとのことである。飛来してくる米軍機からは、さかんに宣伝ビラが撒かれる。日本語でしたためてあるそのビラには、ポツダム宣言に対する日本政府の申し入れと連合国側の回答がならべて載っており、そのほかにつぎのような意味の文字が記してあった。

「日本国民は、軍人たちの抵抗を排除して政府に協力し、終戦になるよう努力するほうが将来のためになるだろう」

このビラを拾った一般の国民は、敵の謀略宣伝ではないかと疑いながらも日本の政府がなにかをしつつあることをうすうす感じとっていた。軍の連中はカンカンに怒っていた。若い将校を中心とする抗戦派は、ますますいきりたっていた。

ひととき聞かれなかった敵機来襲の爆音がまた耳に伝わってきた。日本の本土近くに敵の艦隊が近づいているのか、艦載機が飛んできて、各地で機銃掃射をくり返した。第三の原子爆弾を東京へ落とすかもしれないなどという物騒な放送も流れ、連合国軍は新しい作戦行動に出るような気配を示した。このままの状態がつづくと、日本本土の被害はさらに大きくなる。政府がせっかく終戦のとりまとめを行なっているのだから、これ以上、無用の被害を受けるのは、なんとしても防がなければならない。わたしは、このように判断をして、同盟通信社の長谷川才次外信部長に電話をし、つぎのことをたのんだ。

「連合国側は、日本からの回答がなかなかこないので、新しい作戦行動をはじめようとしている。ついては、海外向け放送で、日本政府の終戦についての方針はポツダム宣言を受諾することにきまっているが、手続きのうえでひまどっていて回答が遅れているという旨を流してほしい」

長谷川部長は、わたしの意とするところを汲みとって、すぐ承知してくれた。ところが、そのあとがたいへんだった。日本からの海外向け放送が終わってから、十五分もたたないうちに米国の放送は、こちらが流したものをそのまま電波に乗せて打ち返してきた。軍には作戦の必要上、有線、無線の受信機が数多く設置されている。米国からの放送を傍受した陸軍省のなかは、ハチの巣をつついたような騒ぎになった。いきりたった若い将校が何人も首相官邸へやってきて、書記官長室にいるわたしを取り囲み、なんであのような海外放送をやらせたのか、いったい、だれが許可したのかと脅迫する。わたしは、知らぬ、存ぜぬの一点ばりで、とぼけるよりほかに手はない。同じころ、同盟通信社にも陸軍の若い将校たちが押しよせ、長谷川外信部長をつるしあげていたということである。

苦心した両総長の花押

十三日の午後の閣議で、鈴木総理は、しめくくりの気持ちもこめて、もう一度、ご聖断をあおぐといったが、内閣書記官長のわたしにとっては、これをどのような方法で具体化するかが大きな宿題になった。

四日前の八月九日、皇居の防空壕のなかで開かれた最高戦争指導会議には、正式に陛下のご臨席を賜わったが、このときは、ご臨席奏請の書類に必要な梅津参謀総長、豊田軍令部総長の花押は、事前にいただいていたものを使った。いよいよこれを使うときには改めて了解を得ますと申しておいたのにわたしは二人の了解を得ないで使ってしまった。

このようないきさつでこんどは、両総長の花押をいただくことは事実上不可能だと考えた。

十三日の夜、わたしは東郷外相と両総長の三者会談をあっせんしたり、大西中将の来訪を受けたりして忙しく走り回っていたが、そのひまを縫って鈴木総理に会い、次のような提案をした。

「きわめて異例のこととは存じますが、こんどの御前会議は、陛下のほうからお召しをいただくようにされたらいかがでしょう。それから、閣僚のなかには総理と異った意見の持ち主もおられるようですので、お召しの範囲をひろげ、最高戦争指導会議の六人の構成員と四人の幹事のほかに、全部の閣僚、それにこのまえと同じように平沼枢密院議長を加えられたらいかがでしょうか」

鈴木総理は、わたしの提案をじっときいておられたが「よくわかった。君のいうとおりにしよう。それがいちばんいいようだね」といわれた。

鈴木総理は、夜が明けてまもない八月十四日の午前八時、皇居へ行ってこの旨を陛下に奏上しお許しを得てきた。まもなく宮中からそれぞれの者へ至急参内するようにという通知があった。閣僚たちは、その日の午前十時から開かれる予定の閣議に出席するため、首相官邸に集まっていた。陛下からのおことばで、ことは急を要するので、とくに服装を改める必要はないということがつけ加えられていた。

八月なかばの暑いさかりなので、軽装しているものが多かった。豊田貞次郎軍需大臣などは、いつものとおりの開襟シャツ姿であった。陛下からのお召しがあろうなどとは思ってもいなかったのだろう。さかんに「困った、困った」を連発していた。みるにみかねた首相官邸の職員の一人があまり上等ではないネクタイを一本みつけてきた。豊田軍需大臣は開襟シャツのエリを立ててネクタイを結びはじめたが、うまくいかない。かたわらにいた岡田忠彦厚生大臣がそれを手伝って、やっと結び終えた。わたしは二人の大臣のしぐさをみながら、ほおえましく思ったことを覚えている。大臣たちも一般の国民と同じように国の苦難を受けとめ、からだで体験しているのだという思いがわたしの頭のなかをかすめた。

皇居から帰ってきた鈴木総理は、わたしをすぐ呼びつけた。

「御前会議の席で、陛下は終戦の詔書をおくだしになるということだったが、その用意はできているかね」

わたしはびっくりしたが、総理は手続についてなにか勘違いをしているようにも思えたので、こう返事した。

「はい、いちおうの案はすでに準備しておりますが、終戦のご詔書は、まず、閣議にかけて決定し、それから陛下の御名と御璽《ぎょじ》をいただく性質のものです。御前会議の席で、詔書をおくだしになるというのは、どうも腑に落ちません」

総理もおかしいと思ったらしいが、陛下からのおことばでもあるので、もう一度参内しておうかがいしてこようといい残し、ふたたび皇居へ向かった。八月の暑いさなかに八十歳近い老首相が二度もつづけて皇居へ足を運ぶ姿をみて、わたしは目がしらが熱くなった。日本の国を思い、陛下の忠誠な臣下として、身命をなげうって奔走する鈴木総理のうしろ姿には、純粋な光がつきまとっているような感じがした。

この日、二度目の参内から帰ってきた鈴木総理の顔には、にこやかな笑いがあった。わたしを呼んで、こういった。

「いやあ、やっぱり君のいうとおりだった。御前会議の席では、陛下が内閣に対して、詔書の準備をするようにとお命じになるだけだそうだ。どうもありがとう」

その直前にわたしはいやな電話の声を耳にした。陛下が最高戦争指導会議のメンバーと全閣僚をお召しになるという話は、いちはやく陸軍省の内部に知れ渡ったらしく、わたしの机の上の電話が突如鳴り出した。わたしは不吉な予感がしてならなかった。受話機をとると「陸軍省の者だが……」と前置きして、声が流れてきた。

「迫水書記官長だね。君はまたわれわれの裏をかいたな。これから、われわれがどうするか、おぼえていろ」

脅迫の電話である。陛下からのお召しは、陛下や鈴木総理の発案ではなく、てっきり、内閣書記官長であるわたしのさしがねだと思っての抗議であり、おどしである。実のところ、電話をしてきた陸軍省の将校は図星をついていたが、わたしはいやな気がした。陸軍としては、参謀総長が奏請の文書に署名、花押しない限り、御前会議は開かれないので、その間、時間をかせぐつもりでいたらしいが、思いがけない陛下からのお召しという異例の措置がとられたので、怒ったのにちがいなかった。

第六章　最後の御前会議

みんなが泣いた陛下のおことば

八月十四日の午前に開かれた最後の御前会議は、和平へのクライマックスだった。

いつもは最高戦争指導会議の六人の構成員と、事務方であるわれわれ四幹事の十人しか集まらないので、列席者の前には長い机がおかれていた。この日は、全閣僚と平沼枢密院議長なども加わるので、総勢二十数名になる。あまり広い部屋ではないので、列席者の前の長机はとりのぞかれ、そのかわりにイスが三列にならべられていた。

陛下のお席からみて、第一列の左端に鈴木総理が席を占め、そのとなりに平沼枢密院議長がすわった。反対側の右端には、梅津陸軍参謀総長と豊田海軍軍令部総長がならんで腰をおろした。閣僚たちは、そのほかのイスにすわったわけだが、順不同というわけではない。当時は、まだ、宮中席次というものがあったので、従ってそれぞれの席についたわけである。われわれ四幹事だけは、最後列にならんで腰をかけた。待つほどもなく、陛下のお姿がみえた。うしろには、この前のとおり、蓮沼侍従武官長がしたがっていた。和平、敗戦という思いがそれぞれの胸中に流れていたのか、だれもがうなだれていた。

陛下がお席につかれると、みんなもしずかに腰をおろした。一瞬、狭い部屋のなかに重苦しい空気が流れた。わたしは内閣書記官長として、この重大な御前会議のもようを記録しておかねばならない立場にあったので、目をサラのようにしてみひらき、陛下のおことばはもちろんのこと出席者一人一人の一挙手、一投足を見守っていた。まるでからだ全体が耳のようになっていた。

鈴木総理が立ち上がって最敬礼をし、九日の御前会議以後の経過をきわめて要領よく説明申しあげたのち、つぎのようにつけ加えた。

「閣議では、八割以上の者が連合国側からの回答に賛成しておりますが、まだ、全員一致の意見が打ち出されるまでには至っておりません。こんなことで陛下のおこころをわずらわせるのは臣下としてたいへん罪深いことと存じ、深くおわび申しあげます。しかし、ことは重大で、かつ緊急を要しますので、反対の意見をもっている者がこの席で意見を申しのべますので、親しくおききとり願い、そのうえで重ねて陛下のご聖断を仰ぎたいと存じます」

いい終わった鈴木総理は、まず、阿南陸相を指名した。阿南陸相は、いささか背を丸めるような姿勢で立ち、陛下に対して、じぶんの意見をのべた。内容には、これといった新しいものはない。再照会論が骨子になっていた。

「もし、このまま終戦を迎えるようなことになりましたら、国体の護持について大きな不安がありますので、もう一度連合国側にくわしく照会してみるべきだと考えております。それによって連合国側がわれわれの意見を受け入れてくれるようでしたら、わたしはいま政府が行なっている終戦の手つづきには反対しない所存でございます。もし、万一、相手方が承知してくれなければ、このさい、死中に活を求め、戦争をつづけるほかはないと考えております」

陛下はいちいちうなずかれ、阿南陸相の話をきいておられた。つづいて、鈴木総理は梅津陸軍参謀総長を名指しした。梅津総長の話もだいたい阿南陸相のそれと同じだった。三番目に指名を受けたのは、豊田海軍軍令部総長である。海軍全体が和平への傾きをみせていたので、豊田総長はそんなにきつい反対論はのべなかった。ただ、陸軍への思いやりをこめて、このままの状態で和平を迎えるのには反対であるといった。

ほかにも反対論者がいた。わたしのすぐ前に腰かけていた安倍内相などもその一人である。安倍内相は陸軍の考え方に賛成の意向をもち、陛下の前でもなにか発言しようと考えていたようで手に原稿らしいものを持っていた。あらかじめ準備していたフシもあるが、豊田総長が意見をのべ終わったあと、鈴木総理が間髪をいれないで「反対の意見をのべるのはこれだけでございます」といってしまったので、安倍内相はじぶんの意見を開陳するきっかけを失った。

三人の陸海軍の首脳が反対の意見をのべている間、陛下はうなずいておられたが、やがて口を開かれ、まず、こういわれた。

「ほかに意見がないようだから、これから、わたしの意見をのべる。みなのものは、わたしの意見に賛成してほしい」

ここまで発言されたが、そのおことばは、とぎれとぎれで、腹の底からしぼり出されるようなお声だった。陛下の苦悩がどんなに深く、大きなものであるかが最後列にはべっているわたしにもよくわかった。陛下はまっ白い手袋をはめておられたが、その手が何度となくほおのあたりへあがり涙を拭っておられるようだった。列席した一同もたまりかねたのか、みんな泣いていた。もちろん、わたしも泣いた。

堪えがたきを耐えよう

陛下は、みんなをさとすような口ぶりで、ゆっくりとつぎのような話をされた。

「三人が反対する気持ちはよくわかるし、その趣旨もわからないではないが、わたしの考えはこのまえいったのと変わりがない。わたしは、国内の事情と世界の現状をじゅうぶん考え合わせて、これ以上戦争をつづけるのは無理だと思っている。国体護持の問題について、それぞれおそれているようだが、先方の回答文をよく読んでみると、悪意をもって書かれたものとは思えないし、要は、国民全体の信念と覚悟ができているかどうかに問題があると思うので、このさい、先方の回答をそのまま受け入れてもよろしいと考えている。陸海軍の将兵にとって、武装解除や保障占領ということはたいへん辛く、堪えがたいにちがいない。それはよくわかっている。また、国民が玉砕して国のために殉じようとする心持ちもよくわかるが、わたし自身は、じぶんの身はどうなってもよいから、国民のいのちを助けたいと思う。このうえ、戦争をつづけたら、結局のところ、わが国はまったくの焦土となり、国民はさらに苦痛をなめなければならない。わたしはそんな惨状をまのあたりにするわけにはいかない。このさい、和平の手段に出ても、もとより先方のやり方に全幅の信頼はおけないかもしれないが、日本という国がまったくなくなってしまうという結果にくらべて、生き抜く道が残っておるならば、さらに復興という光明をつかむこともできるわけである。わたしは、明治天皇が三国干渉のときになめられた苦しいお気持ちをしのびいまは堪えがたきを耐え、忍びがたきをしのんで、将来の回復に期待したいと念じている。これからの日本は、平和な国として再建しなければならないが、その道はたいへんけわしく、また、長いときを貸さなければならないと思うが、国民が心を合わせ、協力一致すれば、必ず達成できると考えている。わたし自身も国民とともに努力する覚悟である。今日まで、戦場に出かけていって戦死したり、あるいは内地にいて不幸にも亡くなったものやその遺族のことを思うと、悲嘆に堪えない。戦傷を負ったり、戦災をこうむったり、家業を失ったものの今後の生活についてわたしは心を痛めている。このさい、わたしにできることならなんでもするつもりでいる。

国民はいまなにも知らないでいるので、和平を結ぶことをきくと、きっと動揺すると思うが、わたしが直接国民に呼びかけるのがいちばんよい方法なら、いつでもマイクの前に立つ。ことに陸海軍の将兵の動揺は大きく、陸海軍の大臣はかれらの気持ちをなだめるのに相当の困難を感ずるだろうが、必要があるなら、わたしはどこへでも出かけて行って、親しく説きさとしてもよい」

みんな泣いていた。だれもが大きな声を張りあげて、思い切り泣きたかったにちがいないが、陛下の前なので、声を押えていた。嗚咽《おえつ》が大きな波のうねりのようにわきあがり、消えかけては、またわきあがっていた。陛下は最後にこうつけ加えられた。

「内閣は、これからすぐ終戦に関する詔書の準備をしてほしい」

陛下のおことばが終わると、鈴木総理が起ちあがって、おわびを申しあげた。

「われわれの力が足りないばかりに陛下には何度もご聖断をわずらわし、たいへん申しわけないと思っています。臣下としてこれ以上の罪はありませんが、いま、陛下のおことばをうけたまわり、日本の進むべき方向がハッキリしました。このうえは、陛下のお心を体して、日本の再建に励みたいと決意しております」

陛下は蓮沼侍従武官長の合図によって、しずかに退席された。一同は泣きじゃくりながら最敬礼し、陛下をお送りした。

和平実現のために陛下がどんなに心を痛められ、積極的に動かれたかについては、ほかにもいろいろな話がある。この御前会議が開かれる直前に、陛下は杉山元、畑俊六の陸軍二元帥と海軍の永野修身《ながのおさみ》元帥の三人をとくにお召しになり、終戦の決意を伝えられた。軍部、とくに陸軍が徹底抗戦をとなえていたので、陛下としては陸海軍の最高責任者であるこれら三元帥に対し、軍が服従するよう命ぜられたわけである。三人の元帥たちは、陛下のご決意がたいへん固く、動かしがたいので、必ず陸海軍の両大臣および参謀総長、軍令部長の協力をとりつけますと答えた。

最後の御前会議が終わったのは、ちょうど正午である。閣僚たちはおのおのの思いを胸底に深く秘め、皇居を退出した。午後一時から引きつづき総理大臣官邸で閣議が開かれることになっていた。打ちそろって帰ってきた閣僚たちは、午後一時カッキリ閣議室に集まった。陛下のご決断が伝えられたあとなので、だれも異見をさしはさむ者はいない。ここでやらなければならないことはポツダム宣言を受諾することによって戦争を終結させる旨の閣議決定である。異議はない。全員そろって署名した。陛下のおことばによって終戦への方向はきまっているが、立憲政体下の責任内閣なので、そのたてまえから各閣僚の意思と責任において閣議決定を行ない、かたちのうえで、あらためて陛下のご裁可を受けることになっていたからである。閣議決定書の署名が終わると、ただちに終戦に関する詔書の審議がはじまった。

終戦詔書の草案をつくる

ふつうの場合、詔書はまえもってきめられた要旨にしたがって、その道の専門家に依頼するのが慣例になっていた。戦前の詔勅はすべて漢文体でつづられていたので、内閣にはとくべつの嘱託が配されていた。ところが、終戦の詔書の場合は極秘に付され、ほんの一部の人びとしか知らない事実なので、うっかりたのむわけにはいかない。わたしが起草するほかはない。わたしにとってプラスだったのは、こどものときから漢文に親しんできたことである。わたしの郷里鹿児島では、士族の子弟に対して、小学校へ入学する前から、なかば強制的に漢文の素読をやらせる風習があった。わたしの父久成はこの例に従って孝経をはじめ四書の素読を教えた。はじめのうちは味気ないものに思われたが、小学校の上級生になり、中学へ進むころになると、しだいに意味がわかるようになってきたので、だんだん好きになった。府立一中時代のわたしは、漢文の時間がくるのを待ち遠しく思うほどになっていた。こんなぐあいだったので、ふつうの人にくらべれば、かなり漢文の素養を身につけていたのかもしれない。八月十日の午前零時すぎから開かれた御前会議で、わたしは陛下のおことばを一字一句ききもらさないように記録しようと考えたが、実のところ、泣いてしまい、果たせなかった。しかし、記憶は鮮明であった。その直後から十二日の夜までの間、ほとんど眠らないで、詔書の草案をつくる仕事をつづけた。昼間はいろいろな仕事があり、たくさんの人が訪ねてくるので、詔書の草案作成の作業は、ほとんど深夜になることが多かった。原稿用紙を積み重ね、書いては破り、破っては書きしたが、なかなかうまくまとまらない。できるだけ陛下のお気持ちを盛り込もうとつとめるのだが、御前会議のもようを思い出すだけで、ひとりでに涙があふれてくる。陛下のご心痛に思いをはせると、もう、筆が進まなくなってくる。

わたしが苦慮している姿を見かねてか、四人の者が力を貸してくれた。一人は旧制一高以来の親友だった小川一平である。さらには、内閣嘱託の木原通雄、大東亜省次官の田《た》尻愛義《じりあきよし》も加わった。この三人のほか、わたしの弟の久良も手伝ってくれた。

八月十二日の深夜、どうやら、いちおうのかたちができあがった。とはいっても、わたしは漢文の権威ではないので、不安のほうが先に立つ。伝えにきくところによると、大東亜戦争の宣戦布告の詔書には文法上重大なミスがあったということである。あれやこれや考えていると、不安の念はわたしの胸のなかで際限なくひろがっていく。終戦という大事件を陛下が全国民に伝えられるだいじな詔書である。小さなミスも許されない。もし、わたしが起草した草案のなかにまちがいがあったら、後世の歴史家から笑いものにされるだろう。それよりも、陛下のおことばをまちがって国民に伝えたという大罪を犯すことにもなるので、わたしは思い切って専門家に目を通してもらう決心をした。

八月十三日の夜もふけたころ、内閣嘱託で、これまでに何度も詔勅作成の仕事に従事してきた川田瑞穂《かわたみずほ》先生と、わたしが長い間師事してきた安岡正篤《やすおかまさひろ》先生の二人を総理大臣官邸へ招いた。わたしは二人の先生に、別々にお目にかかって、こう説明した。

「この詔書の草案は極秘のあつかいにしなければなりません。いっさい他言なさらないようにお願いします」

両先生はことの重大さを知って、わたしの申し入れを承諾した。その結果、何か所かの加除、訂正が行なわれ、草案の文章は光を増すことになった。ことに安岡先生からは貴重な忠告をいただいた。わたしは、できるだけわかりやすい表現を採用しようと念じて「永遠ノ平和ヲ確保セムコトヲ期ス」と書いていたが、この部分について、安岡先生は、つぎのような意見をのべた。

「わかりやすいことはわかりやすいが、なんだかあまりにも日本語的な漢文である。この部分には、たいへん適切にあてはまることばがある。中国の宋時代に張横渠《ちょうおうきょ》という学者がいた。かれの書いた文章のなかに〝天地ノ為ニ心ヲ立テ、生民ノ為ニ命ヲ立テ、往聖ノ為ニ絶学ヲ継ギ、万世ノ為ニ太平ヲ開ク〟ということばがある。あなたが書いた〝永遠ノ平和ヲ確保セムコトヲ期ス〟というのがちょうど〝万世ノ為ニ太平ヲ開ク〟にあたるわけですから、このことばをそっくりいただいたほうがよいと思います」

わたしは、御前会議のときに陛下のご決心をうけたまわったが、こんごの日本は永久に平和な国として再建されなければいけないというお心持であることを感得していたので、安岡先生の教えをたいへんうれしく思った。「万世ノ為ニ太平ヲ開ク」という文句は、陛下のお気持ちどおりだと感じたので、そのままをはめこむことにした。しかも、この一句は終戦の詔書の眼目にもなったので、川田、安岡の両先生のおかげで、わたしは面目をほどこした。

改められた詔書の字句

八月十四日午後の閣議は、こうしてできあがった終戦詔書の原案をめぐって審議がつづけられた。それでもなお異論が出て、閣議はなかなかはかどらない、途中で、鈴木総理や東郷外相が皇居へ出かけたり、陸海軍の両大臣がそれぞれの省へ帰って、部内の訓示をしたりして、人の出入りも多く、成案を得て、清書のうえ、正規のルートをへて陛下のお手もとへ奉呈したときには、すでに午後の七時半になっていた。

閣議で審議が進められていくなかで、原案のうち、何か所かが修正された。

詔書のなかに「戦局必スシモ好転セス」ということばがある。原案では、この部分に「戦勢日ニ非ナリ」という文字があてられていた。この文句をとらえて、阿南陸相が発言した。

「このことばは、どう考えても穏当ではない。〝戦勢日ニ非ナリ〟などと書かれては、これまでの大本営発表がいかにもウソで固められていたことを証明するようなものである。これでは陸軍の連中が承服しない。それに日本が戦争に敗けてしまったわけではなく、現在、好転していないだけの話だから、ここのところは〝戦局必スシモ好転セス〟くらいにして、おだやかな表現にしたらどうかと思う」

ほとんどの閣僚は原案でよいというふうだったが、阿南陸相は下部から突きあげられているのか執拗に自説を固持した。これに対して隣席の米内海相はめずらしく語気鋭くこういった。

「陸軍大臣は、まだ敗けてしまったわけではないといわれるが、ここまできたら、敗けたのと同じだ。〝戦勢日ニ非ナリ〟ということばには敗けてしまったという意味はふくまれていないではないか。ありのままを国民に知らせたほうがよいと思うので、わたしは〝戦局必スシモ好転セス〟などというまやかしの文を入れないで、原案のままにするのがよいと思うがどうだろう」

阿南陸相も負けてはいない。

「個々の会戦では敗けたところが多いけれども、まだ、最後の勝負はついていないので、ここはやはり〝戦局必スシモ好転セス〟のほうがふさわしいと思う」

閣議の途中で、米内海相は海軍省へ帰らなければならない用事ができた。阿南陸相とわざわざ米内海相は閣議室を出るとき、米内海相はわざわざわたしの席のそばまできて、こういった。

「迫水君、あの箇所はたいへん重要だから、わたしのいない間に訂正するようなことをしてはいけない。絶対に訂正してはならないよ」

米内海相のいった「絶対」ということばには強い響きがあり、決意のほどがしのばれた。わたしはあらためて、米内海相の顔をのぞきこんだ。こんな状態なので、閣議はいつ果てるともしれなかった。海軍省での用事を終えてもどってきた米内海相は、ふたたびじぶんの席についた。そして、隣席の阿南陸相としばらくの間、低い声で話をしていた。少し離れているわたしの席からでは、どんな会話がかわされているのか見当がつかなかったが、阿南陸相の表情がいくらかやわらいでいくようにもみえた。つぎの瞬間、米内海相がわたしのほうを向いて、発言した。急に態度が変わった感じである。

「さっきから論議の焦点になっている〝戦勢日ニ非ナリ〟は、阿南陸相のいうように〝戦局必スシモ好転セス〟にしましょう。いろいろ考えたが、どちらでも大差はないように思われるのでわたしは阿南陸相の意見に賛成するほうに回ります」

一同あっけにとられた。つい、さっきまで反対論の先頭に立って、阿南陸相に立ち向かっていた米内海相が手のひらを返すように賛成側にまわったからである。閣僚のなかには、米内海相の変心をなじる人もいたが、そこはまとめ役として最適の人物である鈴木総理のこと、両論のなかに分け入って、まるくおさめた。

鈴木総理の気持ちは、一刻も早く、陛下の和平への所信表明であるところの詔書の作成へと傾いていた。わたしには、その間の事情がありありと汲みとれた。長い時間をかけて争われた〝戦勢日ニ非ナリ〟の字句は、ついに阿南陸相の主張が認められ〝戦局必スシモ好転セス〟に改められることになった。

時運派の政治家にはなるな

つづいて問題になったのは、草案のなかにあった〝義命ノ存スル所〟という箇所である。この部分は、安岡先生がとくに加筆されたものだが、閣僚のなかには、こんな文句はきいたこともないので、わからないから修正すべきであるという人が出てきた。安岡先生が加筆されたのには、れっきとした理由がある。筆を入れるとき、安岡先生は、わたしに対して、こういった。

「戦争に敗けたから仕方なく終戦にするというのではおかしい。いま、戦争を終結させるのは正しい筋道であるという見地に立たなければいけない。だから、わたしは〝義命ノ存スル所〟ということばをわざわざさしはさむべきだと思う」

閣僚のなかの一人から修正すべきであるとの反対論が出されたとき、わたしは安岡先生の説明を受け売りし、つとめて草案が通るようにがんばった。最後には、辞書をもってきて引いてみろという閣僚も出てきた。売りことばに買いことば、わたしも意地になっていた。総理大臣官邸にそなえつけてある辞書を早速とりよせ、ひもといてみたら、不幸なことに〝義命〟という言葉が出ていない。わたしは窮地に立った。修正を主張していた閣僚はいっそう強く修正を要求した。

「書記官長は安岡正篤先生の教えを仰いでこの一句を挿入したといっているようだが、辞書にも載っていないこのような熟語を詔書のなかに入れたら、国民はわからないにきまっている。ここのところは、むしろ〝時運ノ趨《おもむ》ク所〟くらいにすべきではあるまいか」

わたしは、あえて、これ以上、修正反対の論陣を張ってもムダだと判断した。不本意ながら〝義命ノ存スル所〟は〝時運ノ趨ク所〟という平凡な表現でおさめるしか方法がなかった。鈴木総理もどうやら納得されたようすなので、修正に踏み切った。

これには後日譚がある。詔書が発布されたあと、安岡先生は成文を読んで、わたしにつぎのようにいった。

「わたしとしてはあの〝義命ノ存スル所〟に力を入れたつもりだったのに……。修正されたのは残念でならない。あの一句を書き改めたことで終戦の詔書は重大な欠点をもつことになった。千載の痛恨事だ。なんといっても学問のない人たちにはかなわないね」

また、戦後二十年ほどたったある日、わたしは安岡先生に会う機会をもった。先生はひとしきり終戦前後の思い出話をしたあと、こんな忠告のことばを吐いた。

「このごろの政治をみていると、理想もなく、筋道も立っていない。まったくの行きあたりばったりの感じがしてならない」

安岡先生は、ここで語気を強め、わたしにさとすようにいった。

「あなたはじぶんの胸に手をあてて考えてみる必要がある。わたしは終戦の詔書のなかにわざわざ〝義命ノ存スル所〟という一句を入れたが、あなたは周囲の圧力に屈して、とうとう〝時運ノ趨ク所〟という平凡で、つまらない表現に変えてしまった。〝義命ノ存スル所〟と〝時運ノ趨ク所〟とでは大違いだ。〝時運ノ趨ク所〟というのは、時の運びでそうなってしまったから仕方なく……という意味になる。だから、理想もなく、筋道もなく、行きあたりばったりになってしまう。目前のことだけを考えるということになる。終戦の詔書について、わたしはこれが新しい日本を建設する場合の基礎になると考えていた。ところが、あの一句を修正してしまったことで詔書の存在意義はなくなったといってもよい。戦後の政治が行きあたりばったりになったのは、そのせいだと思っている。だから、あなたにも大きな責任がある。池田《いけだ》勇人《はやと》首相などは、口ぐせのように寛容と忍耐ということばを使っているが、あれこそ〝時運ノ趨ク所〟の典型だ。あなたも政治家の一人だが、願わくば、時運派の政治家にならないで、義命派の政治家になってもらいたい」

詔書の草案については、他にも二、三か所修正が行なわれた。成文のなかに〝朕《ちん》ハ茲《ここ》ニ国体ヲ護持シ得テ忠良ナル爾臣民《なんじ》ノ赤誠ニ信倚シ常ニ爾臣民ト共ニ在リ〟という一節があるけれども草案の段階では〝朕ハ爾臣民ノ赤誠ニ信倚シ常ニ神器《しんき》ヲ奉シテ爾臣民ト共ニ在リ〟になっていた。このなかの〝神器ヲ奉シテ〟が問題になった。草案をつくるにあたって、この部分にはわたしもいささかこだわった。終戦の詔書は、日本の全国民に陛下のお気持ちを伝えるものだから、当時の常識として、三種の神器の存在を表面に出すのは当然のことだと思われたが、ある閣僚は、日本国民に読んでもらうと同時に連合国側に対しても日本の進むべき方向を示すものだから、修正したほうがよいと提案した。その閣僚は、石黒忠篤農相である。石黒農相は、つぎのような理由で〝常ニ神器ヲ奉シテ〟の字句を削除すべきだと主張した。

「米国などは、いまなお、日本の天皇に神秘的な力があると信じている。にもかかわらず、こんなことを書き記しておくと、天皇の神秘力の源泉が三種の神器にあると考えるにちがいない。そうなると、連合国では、神器についてあれこれ詮索しないとも限らない。無用の混乱を防ぐためにもこの部分は削除したほうがよいと思う。起草者の気持ちはよくわかるし、日本国民の一人としては同感だが、やはり、削るほうがよいのではあるまいか」

この石黒農相の説には賛成する閣僚も多く〝常ニ神器ヲ奉シテ〟という部分は、ついに陽の目をみることなく葬り去られた。わたしもなるほどと思ったので、固執することもなく、削除に同意した。削除の部分と同時に挿入する字句も提案された。提案者は阿南陸相である。阿南陸相は国体の護持について相手方の確認が得られないにしても、詔書のなかに一句を挿入して、みずから宣言すべきだと主張した。そこで挿入されたのが〝茲ニ国体ヲ護持シ得テ〟ということばである。

もう一つ付け加えておきたいことがある。それは、いわゆる三国干渉後において日本国民の間の合言葉になった「臥薪嘗胆《がしんしょうたん》」という字句をこの詔書の中に入れたらどうかという意見が一、二の閣僚から出たことである。これに対して、わたしは「臥薪嘗胆」という言葉は中国の故事で、かたき打ちのために苦労する場合に使われているものであるが、今回終戦のご聖断に際しては、陛下は、将来復讐するといったお心持ではまったくなく、ただ平和な国として再建することを念じておられるのであるから、そのような字句を使用することは不適当であると主張して、閣僚もみな了承してくれた。

いとまごいにきた阿南陸相

こうしてできあがったのがあの終戦の詔書である。成案はすぐに清書され、八月十四日の午後八時半、通常の裁可書類通達のルートによって、陛下のお手もとに届けられた。陛下はご嘉納あそばされて御名を記され、御璽を押さしめられた。これで詔書は内閣へまた回付され、鈴木総理をはじめ各大臣が副署というサインをする。このあと印刷局へ回され、官報の号外として公布の手続きがとられるわけである。

昭和二十年八月十四日午後十一時、印刷局から官報号外として発布される終戦詔書の手続きはとどこおりなく終わった。

日本国内に対する作業は、すべて終わりを告げたわけだが、次に米、英、ソ、支の四か国にポツダム宣言を受諾する旨の連絡を正式にとらなければならない。この作業は外務省の担当で、八月十日の通告と同じようにスイスおよびスウェーデンの政府を通じ、伝達された。

連合国に対するポツダム宣言受諾の通知は、八月十四日の夜、ただちに行なわれたが、国内向けの公表は阿南陸相の主張によって翌八月十五日正午まで延期されることになった。終戦の詔書の成文ができあがった直後、阿南陸相は鈴木総理以下、内閣の関係者に対して、つぎのように要望した。

「日本は、いよいよ戦争を終結することになり、連合国側にポツダム宣言受諾を通知する段階になったが、国内向けの発表は、夜が明けてからにしてほしい。もし、この詔書の内容を深夜に発表したら、国民全体はもとより、ことに軍の衝撃は大きくふくれあがり、不測の事故が発生しないとも限らない。わたしの最後のお願いだが、詔書の公表は夜が明けてからにしてほしいと思うが、いかがなものだろう」

わたしは、このとき、阿南陸相が〝最後のお願いだが……〟といわれたことばについて、いろいろな感慨を抱いたのをおぼえている。鈴木内閣がスタートを切ってから四か月あまり、日本の内外の情勢は、和平、終戦という最終段階へ向かって傾斜していったが、その間、阿南陸相は、ことあるごとに内閣の方針にさからい、表面では反対論をとなえてきたが、わたしはそのような態度が阿南陸相自身の本心ではないことを看破していた。阿南陸相は、血も涙もある武人で、陛下のお心持をよく了解し、鈴木総理がどんなことを考えているかについても熟知していながら、陸軍部内の暴発を押えるために、ひとり芝居を打っていたとわたしは思う。前に述べた八月十三日の閣議の最中に陸軍省に電話されたことなどそのよい証左だろう。鈴木総理は、かつて、侍従長として、当時、侍従武官であった阿南陸相といっしょに陛下のおそばに仕えていた間柄なのでその心情をよく理解していたようである。

戦後、四分の一世紀以上たった今日、わたしは、終戦という大事業をなしとげたのは、第一に天皇陛下のご英断とまったく自己をお捨てになったご仁慈によるものであるが、それを敢然として実行に移した鈴木総理、東郷外相、率先して海軍部内をまとめて終戦論の先頭に立った米内海相、そして表面上は政府の方針にタテつきながら、終局的には陸軍の先走りを押えて、みずからの生命を捨てることによって鈴木総理を助けた阿南陸相の五人がいたからである。もし、これらの人びとがいなかったら、日本民族は地球上から抹殺されていたかもしれないとわたしはしみじみ思うのである。

八月十四日の午後十一時をすぎてまもなく、わたしは官邸の総理大臣室で、鈴木総理と相対していた。涙がとめどもなく流れ、どうすることもできない。国民服のポケットからハンカチーフをとり出して何度も拭いたが、あとからあとから涙がこみあげてくる。拭いても拭いてもあふれ出てくる涙。わたしはハンカチーフで拭くことをあきらめた。目の前のイスに腰を埋めている鈴木総理の顔をみると、両の目のふちがはれあがり、白眼の部分がまっ赤になっていた。まもなく八十歳の誕生日を迎えようとする鈴木総理は、四か月あまりにわたる終戦の工作について、思い出を嚙みしめようと考えていたのか、しずかに目をつぶった。くしゃくしゃになった総理の目から白い玉がこぼれ落ちる。陛下の臣下として最後の力をふりしぼってきたという満足感があったのかもしれない。ほんのしばらくの間だったが二人の間を静寂のときが支配した。

わたしが鈴木内閣発足のときのもようについて思いをはせていたとき、だれかが総理大臣室のドアをノックした。ドアのノブに手をかけると、阿南陸相の巨体がそこにあった。軍帽を左の小脇にかかえこみ、阿南陸相は、いかにも軍人らしく、深々と一礼した。ドアをノックする音で鈴木総理も目を開かれたのか、阿南陸相の顔をのぞきこむように半身を乗り出して迎えた。阿南陸相は、ドアのところから一直線に鈴木総理の机の前まで足を運んだ。いつになくきびしい表情をしている。わたしは阿南陸相の気迫に押された。鈴木総理の机の前に立つと、阿南陸相はふたたび深々と頭を下げたあと、ものしずかな口調で語りはじめた。両の目の視線は鈴木総理の顔をじっととらえている。

「終戦の議が起こって以来、わたしは総理に対して、いろいろなことを申しあげ、たいへんご迷惑をおかけしました。ここにつつしんでおわびを申しあげます。わたしの真意はただ一つ、どんなことがあっても国体を護持したいと考えただけでありまして、他意があったわけではありません。この点、どうぞご了解くださるようお願いいたします」

阿南陸相の両のほおには、いつのまにか涙が伝わり落ちていた。わたしは、その胸中を察してもらい泣きした。本心では和平を請い願いながらも、陸軍の暴発を懸念し、これを押えるため、心にもない発言をつづけてきた阿南陸相の心情を察すると、わたしはいてもたってもいられない気持ちに襲われた。鈴木総理は、いちいちうなずきながら、阿南陸相のことばを受けとめていたが、話が終わると、じぶんのほうから歩き出して、机の前まで身を運んだ。

「阿南さん、たいへんでしたね。あなたの気持ちはよくわかっています。国体はきっと護持されますよ。皇室はご安泰です。なんとなれば、陛下は春と秋のご先祖のお祭りをごじぶんの手で熱心に行なわれてこられましたからね。長い間、ほんとうにありがとうございました」

鈴木総理がねぎらいのことばをかけると、阿南陸相は、ひと言、つぎのようにいった。

「わたしもそう信じております」

ていねいに一礼したあと、重い足どりで総理大臣室を出ていった。わたしは玄関まで送って出た。もどってくると、鈴木総理は、わたしにこういった。

「阿南陸相は、いとまごいにきたんだよ」

果たせるかな、官邸へ帰った阿南陸相は、翌八月十五日の未明、みずから腹をかき切って自決した。これによってまさに暴発寸前にあった全陸軍は冷水を浴びせられたように沈黙した。

陛下マイクの前に立たれる

阿南陸相が帰っていったあと、わたしは鈴木総理が疲れているのを知っていたので、ひとまず私邸へ引きあげてもらうことにした。

それよりさき、皇居のなかでは、陛下がみずからマイクの前に立たれ、終戦に関する詔書の録音がとられていた。いまのようにテープ・レコーダーがあるわけではないので、NHKによって録音が準備されていた。陛下が、録音盤に直接お声を吹き込まれることについては、異論があった。大部分の人の意見は、おそれおおいという一語に尽きた。軍人に対する説得は、まず、海軍大臣が、海軍については自分が責任を負うことを明らかにし、阿南陸軍大臣もこれにならったが一般国民への詔書の伝達をどうするかが論議の焦点になった。一時は鈴木総理がラジオを通じて詔書を読みあげる案が考えられたが、御前会議の席で、陛下がじぶんにできることはなんでもする、必要があればみずからマイクの前に立って親しく国民に訴えてもよいといわれたので、お願い申しあげようということに落ちついた。鈴木総理が詔書を読みあげるのをきいて、一般国民がどこまで納得してくれるか、また、軍とともに戦争継続を主張している右翼団体などが総理大臣官邸その他へ押しかけてきて、大混乱が起こることも予想された。陛下のお声をきけば、いかに右翼団体といえども終戦に反対することはできないだろうし、国民のみんなが納得するだろうと考えた。

閣僚のほとんどは、陛下から親しくおさとし願うのがいちばんよいとの意見をもっていたのでいろいろな論議はあったが、つまるところ、八月十五日の正午を期して陛下のお声を国民に直接伝えるということになった。この旨を陛下に奏上すると、陛下はいまからでもすぐ録音をとろうといわれた。

閣議の間に、国務大臣の下村宏情報局総裁から、放送局（いまのＮＨＫ）にこの旨を伝えて、録音の用意をさせ、閣議がすむとすぐ下村国務相は皇居へ参内して、録音に奉仕した。

実は、この間に、軍から難題が持ちこまれた。軍のいい分は、こうである。

「ポツダム宣言を受諾するのは、国と国とが結ぶ条約の一種だから、枢密院本会議での議決を必要とするので、終戦の詔書を公布するまえにその手続きを踏むのが当然である」

わたしはこのことにじゅうぶん気づいていた。だからこそ、九日および十四日の御前会議に平沼枢密院議長にとくに参加してもらい、枢密院サイドの意見も開陳していただく機会を作ったわけである。ただ、通常の場合のように枢密院の議に付すると、そのため、さらに時間を要することになるばかりでなく、その間にどんなことが起こるか予想がつかない。なにかにつけてクレームを持ちこんでくる陸軍は、ここで時間をかせいでおいて、新しい行動を起こすかもしれない。だからこそ、わたしはそれを恐れた。

ところが、改めて閣議の席上、陸軍大臣から陸軍の意見としてこんなことをいい出されると、これ以上知らぬ顔で通すわけにはいかない。わたしはこと緊急で、時間をかけるわけにはいかないことを説き、九日および十四日に開かれた御前会議のメンバーに平沼枢密院議長を加えた事情を説明して陸相の了解を求めた。

「まさにお話のとおり条約締結の範疇に属することですから、枢密院の議を経なければならないということはじゅうぶん知っております。ただ、連合国側への返事の関係上、まったく時間的な余裕がありませんので、御前会議の席に平沼議長の出席をお願いしたことによって、正式の枢密院会議は省略してよいものと考えます」

閣僚の多くは、わたしの見解に賛成したが、鈴木総理は、なかなか慎重だった。改めて、村瀬直養内閣法制局長官を呼び、法律的にじゅうぶん検討するよう命じた。こんなときの鈴木総理はたいへんえらかった。決して無理強いするような態度には出なかった。おかげで、わたしは感心もしたが、実は気が気でなかった。

「よくわかりました。いまからすぐ専門家を集めて、研究してまいります」

鈴木総理に向かって一礼し、村瀬長官は閣議室を出ていった。わたしはすぐあとを追った。廊下のなかほどで追いついたわたしは、村瀬長官に強くお願いした。

「総理もだいぶ心配しておられるようすなので、できることなら、枢密院にかけないですむような結論を導き出してください」

「お気持はよくわかりました。みんなで、じゅうぶん検討してみることにします」

いかにも法律の番人らしく、村瀬長宮は表情ひとつ変えないで、冷静に答えた。しかし、わたしの心中はおだやかではなかった。もし村瀬長官が枢密院の会議に付する必要があるという結論をもってきたら、連合国側へのポツダム宣言受諾の回答が大幅に遅れる。回答の時期を失したら三発目の原子爆弾が東京に落とされるかもしれない。原子爆弾が落ちたら、また、何十万という国民の犠牲者が出る。そうなれば、陛下のご意志にも反する。わたしの気持ちは落ちつかなかった。心のなかで、村瀬法制局長官のうしろ姿に祈った。

村瀬長官は、ほどなく閣議室に帰ってきた。

鈴木総理をはじめ、全閣僚を前にして、村瀬長官は、理路整然と法律論をくりひろげ、最後につぎのようにつけ加えた。

「法律の解釈上からみて、事前に枢密院の議にかける必要はありません。枢密院としてはあした本会議を招集して、議決の手続きを得ればよいと思います」

みんな納得した。阿南陸相がまた食い下がるのではないかと心配したが、内閣の法律のエキスパートの説明、解釈なので深く争うこともなく、この一件は落着した。

第七章　ついに実現した終戦

公式の終戦は八月十四日午後十一時

昭和二十年八月十四日午後十一時、つぎのような詔書が官報号外によって公布せられることによって、大東亜戦争は終結した。

詔書

朕《ちん》深ク世界ノ大勢ト帝国ノ現状トニ鑑《かんが》ミ非常ノ措置ヲ以テ時局ヲ収拾セムト欲シ茲《ここ》ニ忠良ナル爾《なんじ》臣民ニ告ク
朕ハ帝国政府ヲシテ米英支蘇四国ニ対シ其ノ共同宣言ヲ受諾スル旨通告セシメタリ
抑〻《そもそも》帝国臣民ノ康寧《こうねい》ヲ図リ万邦共栄ノ楽ヲ偕《とも》ニスルハ皇祖皇宗ノ遺範ニシテ朕ノ拳々措《お》カサル所曩《さき》ニ米英二国ニ宣戦セル所以《ゆえん》モ亦実ニ帝国ノ自存ト東亜ノ安定トヲ庶幾《しょき》スルニ出テ他国ノ主権ヲ排シ領土ヲ侵スカ如キハ固《もと》ヨリ朕カ志ニアラス然ルニ交戦已ニ四歳ヲ閲《けみ》シ朕カ陸海将兵ノ勇戦朕カ百僚有司ノ励精朕カ一億衆庶ノ奉公各〻《おのおの》最善ヲ尽セルニ拘《かかわ》ラス戦局必スシモ好転セス世界ノ大勢亦我ニ利アラス 加之《しかのみならず》敵ハ新《あらた》ニ残虐ナル爆弾ヲ使用シテ頻《しきり》ニ無辜《むこ》ヲ殺傷シ惨害ノ及フ所真ニ測ルヘカラサルニ至ル而モ尚

交戦ヲ継続セムカ終《つい》ニ我カ民族ノ滅亡ヲ招来スルノミナラス延《ひい》テ人類ノ文明ヲモ破却スヘシ斯《かく》ノ如クムハ朕何ヲ以テカ億兆ノ赤子ヲ保シ皇祖皇宗ノ神霊ニ謝セムヤ是《こ》レ朕カ帝国政府ヲシテ共同宣言ニ応セシムルニ至レル所以ナリ

朕ハ帝国ト共ニ終始東亜ノ解放ニ協力セル諸盟邦ニ対シ遺憾ノ意ヲ表セサルヲ得ス帝国臣民ニシテ戦陣ニ死シ職域ニ殉シ非命ニ斃《たお》レタル者及其ノ遺族ニ想ヲ致セハ五内《ごたい》為ニ裂ク且戦傷ヲ負ヒ災禍ヲ蒙《こうむ》リ家業ヲ失ヒタル者ノ厚生ニ至リテハ朕ノ深ク軫念《しんねん》スル所ナリ惟《おも》フニ今後帝国ノ受クヘキ苦難ハ固ヨリ尋常ニアラス爾臣民ノ衷情《ちゅうじょう》モ朕善ク之ヲ知ル然レトモ朕ハ時運ノ趨《おもむ》ク所堪ヘ難キヲ堪ヘ忍ヒ難キヲ忍ヒ以テ万世ノ為ニ太平ヲ開カムト欲ス

朕ハ茲ニ国体ヲ護持シ得テ忠良ナル爾臣民ノ赤誠ニ信倚《しんき》シ常ニ爾臣民ト共ニ在リ若《も》シ夫《そ》レ情ノ激スル所濫《みだり》ニ事端ヲ滋《しげ》クシ或ハ同胞排擠《はいせい》互ニ時局ヲ乱リ為ニ大道ヲ誤リ信義ヲ世界ニ失フカ加キハ朕最モ之ヲ戒ム宜シク挙国一家子孫相伝ヘ確《かた》ク神州ノ不滅ヲ信シ任重クシテ道遠キヲ念《おも》ヒ総力ヲ将来ノ建設ニ傾ケ道義ヲ篤クシ志操ヲ鞏《つよ》クシ誓テ国体ノ精華ヲ発揚シ世界ノ進運ニ後《おく》レサラムコトヲ期スヘシ爾臣民其レ克《よ》ク朕カ意ヲ体セヨ

御名御璽

昭和二十年八月十四日

内閣総理大臣男爵　鈴木貫太郎

海軍大臣　米内光政

司法大臣　松阪広政

陸軍大臣　阿南惟幾

軍需大臣　豊田貞次郎

厚生大臣　岡田忠彦

国務大臣　桜井兵五郎

国務大臣　左近司政三

国務大臣　下村宏

大蔵大臣　広瀬豊作

文部大臣　太田耕造

農商大臣　石黒忠篤

内務大臣　安倍源基

外務大臣兼大東亜大臣　東郷茂徳

国務大臣　安井藤治

運輸大臣　小日山直登

この詔書は、翌八月十五日の正午、天皇陛下ご自身によってラジオを通じて放送された。一般に終戦の日が八月十五日と考えられているのは、この玉音放送によって、はじめて国民全体がその事実を知ったからであるが、公的には、前夜、つまり、八月十四日の午後十一時、詔書の公布と同時に鈴木内閣は、ポツダム宣言の受諾をスイスおよびスウェーデンを通じて連合国に通告しているので、そのときをもって大東亜戦争は終結した。

十四日の夜がふけ、内閣書記官長室の時計の針は、十五日の午前零時に近づいていた。日本にとって新たな歴史がはじまろうとしている。阿南陸相が鈴木総理にいとまごいをして帰ったあと総理も私邸へ引きあげていった。数日前のような爆音もきかれない。むし暑かったが、しずかな夜である。

十五日の午前零時を少し回ったころ、机の上の電話が鳴った。声の主は皇居へ行っている下村情報局総裁である。

「ただいま、陛下の詔書ご朗読の録音をとり終わりました。無事にすみましたので、その旨、総理によろしくお伝えください」

下村国務相のことばは短かかったが、わたしは肩の荷がおりたようで、真実、ホッとした。連絡電話をきき終わると、すぐ、わたしは鈴木総理の私邸へ電話を入れた。総理も安心したのか、やさしい声でわたしの労をねぎらってくれた。

「連日、たいへんだったけど、これで一段落というところだね。あしたは、また、朝から忙しくなるので、早くやすんだほうがいいよ」

まもなく、わたしは身を横たえた。五月の下旬、官舎を焼き払われて以来、書記官長室には仮りベッドを持ちこんでいたが、この数日間、ほとんど横になることはできなかった。すべての手続きが終わったという心の安らぎがわたしを眠りの世界へ誘いこんだが、綿のように疲れているにもかかわらずなかなか寝に就けない。鈴木内閣発足のころが思い出された。まだ四十歳をいくつも出ていない若輩の身で、内閣書記官長の大役を引き受けたこと、その後の身の振り方、わたしとしては全力投球をつづけてきたつもりだったが、ときには勢い余って暴走しそうになったこともある。鈴木総理の助け舟を仰ぐごとにその人間的なスケールの大きさに圧倒されてきた。赤穂義士のリーダー大石良雄にたとえるのは、いささか不謹慎なようにも思うが、鈴木総理はいつの場合でも冷静で、慎重で、ときの流れをみつめながら措置してきた。四か月の短期間ながら総理の側近にはべったわたしは数えきれないほどの教訓を得た。

機関銃の音で起こされる

終戦の議が起こってからの鈴木総理は、ことのほか小さな心配りをした。短かかった四か月あまりの内閣書記官長生活を振り返りながら、わたしの胸は千々に乱れた。陛下が真の意味の平和愛好者であることも、親しく知ることができた。しかし、終戦を迎えて、これからさき日本の国はどうなるのだろうか。わたしは暗澹とした気持ちになりなかなか眠れなかった。頭のなかに霞がかかったようにボンヤリと時を過ごしていた。

そこへ内閣嘱託の木原通雄君がやってきた。終戦の詔書が発布されれば、それに引き続いて、内閣告諭なども出さなければならない。わたしは終戦の詔書のことで手いっぱいだったので、内閣告諭その他の原案を、木原君につくってくれるようたのんでいた。律義なかれは、約束の時刻までに原案を作成してきてくれたので、わたしたちは協議をつづけ、加筆したり、削除したりして、どうやら成案を得た。それはつぎのような内容のものであった。この内閣告諭は、終戦の詔書が公布されると同時に発せられたが、一般の国民には十五日の夜、ラジオで伝えられ、十六日の新聞に掲載された。

内閣告諭

本日、畏くも大詔を拝す。帝国は、大東亜戦争に従うこと四年に近く、しかもついに聖断を以て、非常の措置によりその局を結ぶのほか途なきに至る。臣子として恐懼《きょうく》いうべきところを知らざるなり。かえりみるに開戦以降、遠く骨を異域にさらせるの将兵その数を知らず。本土の被害、無辜《むこ》の犠牲またここに極まる。思うてここに至れば痛憤限りなし。しかるに戦争の目的を実現するに由なく戦勢また必ずしも利あらず。ついに科学史上未曾有の破壊力を有する新爆弾の用いらるるに至りて、戦争の仕法を一変せしめ、ついで、ソ連はさる九日、帝国に宣戦を布告し、帝国はまさに未曾有の難に逢着したり。聖徳の宏大無辺なる、世界の平和と臣民の康寧とをこいねがわせたまい、ここに畏くも大詔を渙発せらる。

聖断すでにくだる。赤子の率由《そつゆう》すべき方途はおのずから明らかなり。もとより帝国の前途は、これによりいっそうの困難を加え、さらに国民の忍苦を求むるに至るべし。しかれども、帝国はこの忍苦の結実によりて、国家の運命を将来に開拓せざるべからず。本大臣は、ここに万斛《ばんこく》の涙をのみ、あえてこの難きを同胞に求めんと欲す。いまや国民のひとしく向かうべきところは、国体の護持にあり。しこうして、いやしくも既往に拘泥して同胞相猜《さい》し、内争以て他の乗ずるところとなり、あるいは情に激して軽挙妄動し、信義を世界に失うがごときことあるべからず。また、とくに戦死者、戦災者の遺族および傷痍軍人の援護については、国民ことごとく力をいたすべし。

政府は国民とともに承詔必謹、刻苦奮励、つねに大御心に帰一したてまつり、必ず国威を恢弘《かいこう》し、父祖の遺託にこたえんことを期す。

なお、この際とくに一言すべきは、この難局に処すべき官吏の任務なり。畏くも至尊はなんじ臣民の衷情は朕よくこれを知るとのたまわせたまう。官吏はよろしく陛下の有司として、このご仁慈の聖旨を奉行し堅確なる復興精神喚起の先達とならんことを期すべし。

昭和二十年八月十四日

内閣総理大臣　男爵　鈴木貫太郎

あとはこの草案を鈴木総理に目を通してもらい、閣僚の同意をとりつければよい。だいぶ、夜もふけてきた。わたしは、こんどこそ深い眠りにつこうと思い、ふたたびベッドの上に身を横たえた。

どのくらいの時間が流れただろうか。窓の外で、ダダ、ダダッという連続音がした。夏の夜は明けやすく、すでに白みかけていた。わたしは眠たい目をこすりながら、きき耳をたてた。連続音は、断続的に響いてくる。一瞬、敵機による機銃掃射の音かとも耳を疑ったが、そんなはずはない。日本はすでにポツダム宣言を受諾する旨、前日、スウェーデンおよびスイスの両国を通じて返答したばかりである。敵機の機銃掃射にしてはおかしい。意識がはっきりしてくると、それがまぎれもない機関銃の銃声であることがわかった。そのとき、となりの部屋に寝ていた弟の久良がはげしい見幕でわたしの部屋のドアを押してはいってきた。わたしは、とっさに質問した。

「おい、久良っ、あの音はいったいなんの音なんだ」

久良の顔は引きつっている。

「兄さん、外へ出たらあぶないよ。日本の兵隊が襲撃してきたんだ」

一瞬、わたしの頭のなかを一つの思い出が走った。わたしはまのあたりみた二・二六事件の光景を記憶のなかによみがえらせていた。同時に、前夜、鈴木総理が私邸へ帰ったのは、幸いだと思った。わたし自身のいのちはどうなってもかまわないが、鈴木総理の身辺に大きな事故が起こったら、国内は一大混乱に陥ること必定である。それでもわたしは、この場を逃げ出したいと考えた。ムザムザと軍の連中に殺されるのはバカらしいことだし、捕えられるのはなおつらい。できることなら逃げ出して、正午に迫っている終戦の大事業のお手伝いをしたいと念じた。内閣官房の佐藤朝生総務課長を呼んだ。

「わたしはこれから地下道を通って外へ出、避難するから君は官邸の職員の指揮をしてくれ。彼らは君たちには危害を加えないだろう。軍の連中が建物のなかへ入ってきてもけっして抵抗してはいけない。かれらが闖入《ちんにゅう》してきてあばれても、なすがままにして、がまんしてくれ。それから、念のため、私邸におられる総理にもこのことを伝えておいてくれないか」

佐藤総務課長は、わたしのもっとも信頼する部下の一人である。かれなら、わたしがここから出て行っても、きっと、官邸内の職員を掌握してくれるだろうと思った。また、乱入してくるかもしれない軍の連中との折衝も、わたしの命じたとおりに実行してくれるものと信じて疑わなかった。

「総理への電話連絡は、いま終わりましたので、書記官長は一刻も早くこの場から逃げ出してください」

わたしは佐藤課長の励ましの声を背に受けて、弟の久良たちをうながした。わたしに同行するのは、久良とボディ・ガードの中村袈裟男《なかむらけさお》巡査の二人である。三人は、ひとまず防空壕のなかにある内閣書記官長室に入った。そこから地下道を通って官邸のはるか裏のほうへ出る非常出口が掘られている。わたしは中村巡査に命じて、非常出口への道を偵察させた。帰ってきた中村巡査の報告によると、兵隊の姿は見あたらないという。どうやら大丈夫らしい。わたしたちは足音をしのばせ、暗くて長い地下道を非常出口のほうへ歩いていった。出口は特許庁に近い道路の脇にある。

皇居で録音盤争奪事件起こる

夜はすっかり明け放たれていたが、なにぶん早朝のことなので、人通りはほとんどなかった。

わたしは別にあわててはいなかった。その証拠に書記官長室で、タバコに火をつけたことをおぼえているからである。ところが、道路脇へ出たとたんにわたしは大失態を演じた。ころがっている焼けトタンを踏んだからたまらない。バタン、バタン、バタンという音がした。その音をきいた瞬間、急に恐怖心が頭をもたげた。自分の影をみておどろく臆病犬のようにあとは一目散、特許庁の建物の角のほうをめがけて走り出した。走りながら、ひょっとしたらうしろから狙撃されるかもしれないという思いが胸のなかにひろがった。わたしのすぐうしろから久良と中村巡査が走ってくる。わたしは大きな声を張りあげて、久良にいった。

「おい、うしろをみてみろ。兵隊はいないか。だれも立っていないか」

そんな叫び声をあげながらわたしはついにじぶんの首をうしろへ回すことができなかった。三人は特許庁の角をかけ抜け、いつのまにか溜池の大通りへ出ていた。やっと助かったという安堵の念が胸底からわきあがってきたとたんに隊伍をととのえて通りすぎる兵隊の列に出会った。また、軍がなにかはじめるのではないかという不吉な予感に襲われたが、かれらはわれわれ三人をとがめるふうもなかった。わたしは、ひとまず、麻布飯倉に住んでいる親友の美濃部洋次君の家へ行ってみようと考えた。美濃部君は、そのころ、綜合計画局の部長をつとめていた。その道すがら弟の久良が笑い顔をつくって、わたしにいった。

「兄さんったら、ぼくには、うしろをみろ、みろといいながら、特許庁の角のところを曲るまで一度もうしろをみなかっただろう。よほどおそろしかったんだね」

わたしは答えることばがなかった。

「そういわれれば、そうだったな。二・二六事件のときは、じぶんでじぶんのコウ丸を引っぱって気をしずめて、恐怖感をとりはらったが、こんどはどうしても思いつかなかった。久良のいうようにぼくは、やはり、こわがっていたんだな」

美濃部家へ着くと、すぐ、電話を借り、ほかでも暴動が起こっているのではないかと思い、警視庁にたずねてみた。市内では別段騒ぎらしいものはないとのことである。わたしは、総理官邸襲撃のその後のもようを知る必要もあったし、報告もしておかなければいけないと思ったので、警視庁へ行ってみることにした。利用する交通機関がないので、結局は歩いて行った。

総監室に入り、町村金五警視総監に会った。ここで、わたしは重大な情報を得た。町村総監の話によると、その朝、午前一時すぎから宮内省との電話が不通になっているとのことだった。いやな予感がした。憲兵司令官の大城戸《おおきど》〔三治《さんじ》〕中将へ電話をすると、けさの午前四時すぎ、阿南陸相が官舎で自決したというニュースが入ってきた。鈴木総理がわたしにいわれたとおり、阿南陸相の前夜の総理訪問は、やはり最後の別れを告げにきたものだった。大城戸中将の話は、まだつづく。宮内省の電話が不通になっているのは、陸軍省の若い将校たちが皇居へ乱入し、近衛師団長の森赳《もりたけし》中将を殺したうえ、ニセの師団命令を出して兵隊を動かし、陛下の声の入っている録音盤を奪い取ろうとした騒ぎのためであることがわかった。わたしは、前夜の午前零時前後に無事録音をとり終えたと報告してきた下村国務相らの身を案じた。

皇居内の騒乱のもようは、少しずつわかってきた。この騒ぎをきいて、東部軍管区司令官の田中静壱《たなかせいいち》大将が単身乗りこんでいき、いきりたつ若い将校たちをなだめるとともに兵隊を解散させたということであり、録音盤づくりに従事した下村情報局総裁以下放送局の関係者たちは、夜明けまで監禁されたらしいが、無事解放されたという報告も入ってきた。いろいろな情報が入ってくるなかで、わたしにとっていちばんうれしかったのは、録音盤が兵隊たちに奪われることなく宮内省の金庫の奥深くしまわれていたという事実である。

首相官邸を襲った暴徒たちの動きも判然としてきた。かれらは横浜警備第三旅団司令部づきの佐々木武雄《ささきたけお》大尉のひきいる五十数人の兵隊と横浜高工の急進的な学生数十人によって組織されていた。機関銃を射って威嚇したあと、鈴木総理が官邸のなかにいるかどうかを確かめたが、いないことがわかると、官邸の玄関にガソリンをまき散らして火を放ち、引きあげたとのことである。そのさい、建物のなかの敷きものの一部を焼いたらしいが、官邸の職員が総出で、備えつけの防火用具を使って延焼を防いだので、だいじには至らなかった。総理の姿を追い求める兵隊と学生の一団は、官邸からただちに小石川の総理私邸へ向かったらしい。かれらはここでも総理の家にガソリンをまいて火をつけ、せっかく焼け残っていた家を全部焼き払ったということである。

総理の身柄は無事だという報告が入った。わたしたちが官邸の地下道を通って外へ出るまえ、内閣官房の佐藤総務課長が総理へ連絡したのがよかった。鈴木総理は間一髪のところで、虎口を脱し、芝白金にある実弟鈴木《すずき》孝雄《たかお》大将の家へ避難していた。小石川の私邸でも総理の姿を発見することができなかった暴徒たちは、新宿にある平沼枢密院議長の家を襲い、また、火を放った。平沼議長もすんでのところで身をかわし、ことなきを得たということだった。

皇居内の反乱もどうやらしずまったし、鈴木総理や平沼議長を襲った暴徒の群れも引きあげたらしいので、わたしは午前九時すぎ、鈴木総理を避難先に訪ねた。総理は、ちょうど遅い朝食をとっていた。わたしは、前夜、総理が私邸へ帰ったあとのできごとを手短かに報告した。阿南陸相が自決したことを告げると、総理はもっていた箸をお膳の上におき、しばらくの間、目をつぶっていた。いろいろな思いが総理の胸を締めつけていたのだろう。食事を終わった鈴木総理は、わたしに向かって、こういった。

「長い間、ご苦労だったね。わたしは、きょうの閣議で、全閣僚の辞表をとりまとめ、総辞職したいと思っている。君にも異存はないだろうね」

わたしは、このときほど、人生の安らぎをおぼえたことはない。わたしは、心身ともに疲れ果てていた。できることなら、一刻も早く内閣書記官長をやめて静養したいと思っていた。鈴木総理も同じ思いだったにちがいない。

「迫水君、ちかごろ、君はだいぶやせたようだね。内閣が総辞職したら、どこかでゆっくり静養してきたまえ」

総理のねぎらいのことばがかぶさってきた。そういわれれば、わたしにもおぼえがある。書記官長に就任したころのわたしは、六十六キロの体重を誇っていたが四か月の間に八キロほど減っていて、五十八キロ前後になっていた。

すべてが終わったあとの脱力感

その日の午前十一時、皇居では枢密院の本会議が開かれることになっていた。わたしは、総理との最後の日程打ち合せを終わると、宮内省へ急いだ。玄関のところで、宮内省の加藤総務課長が外へ出かけて行くのに出会った。国民服の上からカバンをかけている。両手でそのカバンをしっかり押えている。わたしは、とっさに録音盤を持って行くのだなと感じたが、あえてたずねてみた。

「どこへ行くんですか」

「書記官長、いろいろご心配をかけましたが、録音盤は無事守り抜きました。これからわたしは、録音盤を放送局へ届けに行くところなんです」

わたしは感無量だった。あと一時間とちょっとで、陛下のお声が全国民の耳に伝わるのかと思うと、なんとも表現のしようのない気持ちに襲われた。

「ご苦労さん、よろしくたのみますよ」

わたしは加藤総務課長を送ったあと枢密顧問官の控え室に入った。中央のイスに平沼議長が腰をかけていた。わたしは急ぎ足で平沼議長のところへ行きあいさつのことばをのべた。

「けさほどはたいへんでしたね。総理も議長も家を焼き払われたそうですが、おからだが無事で、なによりでした」

そういって平沼議長の顔をみると、たいへんやつれている。ここ一日、二日で急にふけこんでしまったような気がしたので、わたしはことばをつづけた。

「閣下は、このところ、ちょっとふけこまれたような気がするんですが、どこか、おからだのぐあいでも悪いんですか」

平沼議長はニヤニヤしながら答えた。

「君もそう思うかね。原因は入れ歯だよ」

そういいながら、平沼議長は大きく口をあけた。いつもの議長とはしゃべり方がちがうのに気がついた。

「わたしは、いつも入れ歯をはずしてまくらもとに置き、それから眠る習慣なんだが、けさ、暴徒に襲撃されたとき、あわてて家をとび出したんだ。すぐあとで、入れ歯を置き忘れてきたのに気がついたけれども取りに帰ることができなかった。そして、家が焼き払われたので、入れ歯も焼けてしまったんだ。わたしの顔がふだんよりやつれてみえるのは、きっとそのせいだろうね」

まもなく、枢密院の本会議がはじまった。わたしは別に同席する必要もなかったので、あとのことは村瀬直養法制局長官にお願いして、宮内省をあとにした。すぐ、首相官邸へ帰った。

やがて、正午である。この日は、朝からラジオが何度も何度も「正午には重大放送が行なわれるので、全国民はききもらさないでいてほしい」と伝えていた。わたしは、下村国務相とともに官邸内の全職員をホールに集めた。陛下の放送をきく準備がととのった。時報が鳴る。サイレンが響く。特長のある陛下のお声が流れてきた。しわぶきひとつきこえない。みんな泣いている。この日、このときがくるのをあらかじめ知っていたわたしだったが、それでもなお、こみあげてくるものを押えることができなかった。放送が終わったあと、わたしは予定にしたがって、まえから用意していた内閣告諭を発表した。

すべてが終わった。わたしは、ことばで表わせないような脱力感に襲われた。足が重い。やっとの思いで書記官長室へ帰ってきた。長い間の疲れが一度に凝縮しわたしのからだを支配した。イスに腰をおろすと、いろいろなことが思い出される。頭のなかが混乱しているのか、系統だった思い出はよみがえってこないが、かずかずのできごとが断片的に迫ってくる。過去の波が去ってしまうと、これからさきの日本のことが心配になってきた。当面の問題は、なんといっても国内の治安維持である。陛下の放送があったとはいえ、すべての国民があらゆる困苦に耐え、戦争遂行のために犠牲をしいられてきたのだから、いつ、どこで不平不満が爆発するかわからない。わたしは暗い思いのなかへ沈んでいった。日本はポツダム宣言を受諾したのだから、まもなく占領軍が進駐してくるにちがいない。かれらは日本国民に対してどんな態度で接するだろうか。あれこれ考えていると、どうしても悲観的な結論しか引き出せない。いっそのこと、戦争を継続して日本全部が焦土になってしまったほうがかえって気楽になったかもしれないなどと思い返してもみた。とはいいながら、すでに日本の進むべき方向はきまっているのだから、すべてのことがうまく運んでくれるように祈るほかはなかった。

鈴木内閣最後の閣議は、八月十五日の午後二時すぎから開かれた。池田綜合計画局長官が立って、つぎのような提案をした。

「いま、日本国内ではあらゆる物資が欠乏していますが、本土決戦を想定していた軍には、まだ、かなりの物資が保管されています。このまま放置しておくと、占領軍が進駐してきたとき、その処分はかれらの手によって行なわれるかもしれないので、このさい、できるだけ早く、民間に放出するのがいいのではないでしょうか」

だれも異論をさしはさむ者はいなかったが、ただ、復員する将兵にもこれらの物資をいくらずつか分け与えたほうがよいとの意見が出され、それも認められた。あとになって考えると、この軍用物資の民間への放出が終戦によって混乱しかけていた国民感情をやわらげるのに大いに役立ったし、復員兵士への分配が軍の動揺を防ぐのに効果があったことは否めない。池田長官の提案は、まことに時宜を得たものであった。

最後の仕事の放送原稿を書く

いくつかの閣議決定が行なわれたあと、全閣僚はこぞって辞表を提出した。四か月余にわたって終始戦争終結の工作を進めてきた鈴木内閣は、ここにピリオドを打つことになったわけだが、総辞職の発表後、鈴木総理はわたしを呼んで、つぎのようにいった。

「内閣書記官長としての職務は終わったが、君はまだ若いので、これからあとも新しい日本を再建するために力を尽くしてほしい。ついては、貴族院の勅選議員になってもらいたい。わたしは関係各方面に話をして、すでに了解をとりつけているので、こんごともがんばってほしい」

わたしはうれしかった。鈴木総理がそれほどまでにわたしを買ってくれたのかと思うと、感謝の気持ちで胸がいっぱいになった。

いま一つ、わたしには大きな仕事が残っていた。十五日の夜、鈴木総理はラジオを通じて国民に呼びかける手はずになっていたので、わたしはその原稿をつくらなければならなかった。わたしにとっては、内閣書記官長として最後の仕事なので、あれも入れたい、これも加えたいと思うことが多かった。そのせいか、原稿作成には思ったより時間がかかった。やっとの思いでつくりあげたが、内容的には、あまりよいできではなかったような気がする。

この原稿は、八月十五日の夜、鈴木総理がラジオ放送を通じて発表した。談話は「大詔を拝して」という題で、内容はつぎのようなものだった。

昨夜十一時、かしこくも非常の措置によって、大東亜戦争を終結することに関する大詔が渙発されました。また、本日正午には、おそれおおくも天皇陛下おんみずから詔書をご朗読あそばされ、放送によって全国民に玉音を以てお告げあそばされたのでありります。まったく、前例をみない措置でありまして、恐懼とも感激とも申しようがございません。天皇陛下の民草をおいくつしみたまう大御心は、ただ、ありがたさに涙をとむることができません。

ソ連邦は、さる九日、ついに連合国側に立って、帝国に宣戦を布告するに至りました。これがため、帝国は、米、英、支三国のほかにソ連邦をも敵とすることとなり、帝国政府といたしましては、これを以て大東亜戦争を継続するか否かにつき、最後の決断をなすべき時期と認めざるを得なかったのであります。よって、かしこくも天皇陛下ご親裁のもと廟議を確定し、帝国の存立の根基たる天皇陛下の統治大権に変化なきことを条件として、米、英、支ならびにソ連の七月二十六日づけ共同宣言を受諾する用意ある旨を通告することに決し、政府はただちにその手続きをとりましたところ、先方よりも回答がまいり、その回答を検討いたしましたところ、天皇陛下の統治大権に変更なきことを確信いたしましたので、ここに共同宣言を受諾することとなりました。

かえりみれば、昭和十六年十二月八日、帝国はひとえに帝国の自衛と東亜の安定とのために米、英両国に戦いを宣したのであります。以来、今日にいたるまで前後四年近く、この間、皇軍将兵は想像を絶する困苦と欠乏に耐え、兵器の不足はこれを無比の精神力を以ておぎない、真に鬼神を泣かしむる忠烈を前線に顕現せられました。銃後の国民もまた、あらゆる艱難《かんなん》をしのんで戦力の補給に挺身し、のちにおよんで本土の大半が敵空爆の被害をこうむるも、つねに奉公の精神を失う者をみなかったのであります。いま、ここに遠く異域に骨を埋められました勇士、非命本土にたおれられました同胞その数を知らぬことを思うにつけ、わたしは感謝と哀悼の念に胸をふさがるるのであります。また、あるいは戦陣に傷つき、郷土の家を失われた無数の人びとに対しては、慰藉のことばにも苦しむしだいであります。

しかしながら、皇軍の凄絶なる死闘の継続にもかかわらず、戦局は昨年サイパン失陥を機として不利となり、以後、あらゆる挽回の方途を講じましたが、秋になっては、敵の強大なる空軍は、直接帝国本土を侵攻するにいたり、ために戦力の源泉である軍需産業、大中小都市、交通機関等は、甚大なる破壊をこうむりました。ことに本年春の硫黄島喪失につづいて、沖縄を敵の手中にゆだねるにおよびまして、帝国の本土は圧倒的な敵攻撃力の正面にさらされるにいたりました。この間、おそれおおくも明治神宮および皇居の炎上を許しましたことは、まことに恐懼のきわみであります。

しかるにこれに加うるに、敵は最近ついに世界科学史上、革命的な原子爆弾の発明に成功し、これを人類殺傷の兵器として応用して、ほとんど不可抗力ともいうべき破壊力をわが本土と国民の上に加えはじめました。現にこれによって現出しました惨禍は、一都市一回、一個の爆撃により、瞬間にその都市の大半が破壊し尽くされ、いっきょに数十万の人命を殺傷しました。しかも、敵が今後これを継続使用することは自明でありますから、もしもこの形勢にして、いま一歩進むならば、そのおそるべき殺傷と破壊とは、帝国の戦力と民族生存の根底を抹殺するにとどまらず、実に神聖絶対なるわが国体の基礎をもあやうくすることが予見せらるるにいたったのであります。帝国政府はこの事態に処し、あらゆる熟慮と検討をかさね、陸海の統帥府とも論議を尽くしました。帝国皇軍将兵は、ことごとく、あくまでも旺盛なる戦意と必勝の信念に燃え最後まで戦うことを決意しておられるでありましょう。しかし、陛下は、万民を救い、かつ、世界人類の幸福と平和に貢献すべき旨のご聖断をくだしたもうたのであります。陛下のご仁慈の光被こそ、国体護持そのものであるのであります。わが国体の悠久、聖慮の宏大無辺、まことに恐懼にたえません。申すまでもなく、戦争がついにこのようなかたちで終結をみるにいたりましたことは、前線にある皇軍将兵はもとより国民のすべての痛憤たえがたきところにちがいありませぬとともに国民のことごとく心より陛下におわび申しあげるしだいであります。

わたくしは、本日はからずして、この悲痛なる終局を政府の首班としてみずから措置する運命をにないましたが、わたくしの一生の大半は、帝国軍人たるの生活でありました。将兵諸君の胸中は、このわたくしも老兵の一人として、よく存ずるところでありあります。しかしながら、臣子の本分は生きるにつけ、死ぬにつけ、いかなる場合にも天壌無窮《てんじょうむきゅう》の皇運を扶翼したてまつることであります。この絶対の忠誠心のみがよく国体を護持したてまつることを得るのであります。たとえ、わたくしどもが銃を奪われ、剣をすてるとも、死してなお失わるることのないのは、この無限の忠誠心でありま す。わたくしは、聖天子がおわしまし、宝祚《ほうそ》の長く継がせたまう限り、必ず国運を開拓する途は存すると信ずるのであります。

さらに、このたびの戦争において、終始帝国とともに東亜の解放、世界平和の実現のために戦われてきた東亜の盟邦諸国に対しては、帝国は国をあげてこれに満腔《まんこう》の感謝をささげるとともに、ことの遂にここにいたりましたことを衷心《ちゅうしん》より謝するものであります。しこうして、これら諸国の隆盛を祈り、帝国とこれら諸国との信義と友愛とが永久に変わらざることは、帝国の切なる希望であります。

ひるがえって、戦争の終結は、国民の負担と艱苦とを容易に軽減するとは考えられません。かえって戦後の賠償と復興のためにいっそうの忍苦と努力とを要するのでありま す。帝国はその領土の多くを失うに至りました。名誉の皇軍もその姿を消すにいたりました。皇軍将兵および国民は、この事態の不名誉に悲嘆の限りを尽くされるでありましょう。また、いまだかつて経験されたことのない環境の激変にみずからの帰趨を定めることができないでしょう。しかし、大死一番、一夜の号泣からさめた瞬間から過去いっさいの恩讐をこえて、また、いっさいの利己的な考えを断ち切って、本土の上に民族永遠の生命を保持発展せしめていくのであります。

それには、国民が自治、創造、勤労の生活新精神を涵養《かんよう》して、新日本建設に結足し、とくに今回の戦争における最大欠陥であった科学技術の振興につとめるほかないのであります。しこうして、やがて世界人類の文明に貢献すべき文化を築きあげなくてはなりません。それこそ陛下の宏大無辺なるご仁慈にこたえたてまつる唯一の途なのであります。これを達成するにおいては、究極において日本の勝利は実現せられるのであります。帰還軍人、傷痍軍人、戦災者、その遺家族に対して国家と国民は最後まであたたかい慰安と協力を尽くさねばならないこと、もちろんであります。また、共同宣言実施期間中においては、どこまでも日本人本来のまじめさを発揮して、信を世界に高めるの心がまえで処したいものであります。要は、皇室をいただいた日本国民の良心と正しい力とで、一日もすみやかに世界における帝国の地位をその正当なるところにかえすことであります。それには、ご詔書の聖諭のとおり、挙国一家となって子孫に相伝え、不《ふ》屈《くつ》不《ふ》撓《とう》最大限の努力をしなければならないのであります。わたくしは、必ずや全国民がこのわたくしの期待にそわれるものと信じます。

軍に追われたさすらいの日々

その日、後継内閣の首班として東久邇宮稔彦《ひがしくにのみやなるひこ》王に大命が降下した。わたしは、勅選議員に列せられたけれども、いろいろ考えたすえ、これを辞することにした。鈴木総理のわたしに対する思いやりはじゅうぶんわかっていたが、内閣の関係者がみんな下野したあと、わたし一人が国会に議席をもつべきではないとの結論に達したからである。その旨を鈴木総理に伝えると、まあ、ゆっくり考えるほうがよいといわれて、つぎの内閣に引き継がれたが、わたしの決心は固かった。この貴族院議員の問題は、それから一か月後の九月なかばになって、ようやくわたしの申し出が受け入れられた。

八月十七日、東久邇終戦処理内閣が成立した。わたしは緒方竹虎《おがたたけとら》さんに内閣書記官長の事務を引き継いだ。五月なかばの東京空襲で住む家を失ったわたしは、その月の二十五日、首相官邸のなかの内閣書記官長室に仮ベッドを持ちこみ、以来、八十数日間にわたってここを寝ぐらにしてきた。いよいよ出ていくとなると、なんだかさびしいような気がした。部屋のなかを片づけ、外へ出ると、官邸の玄関のところに全職員がならんで待っていた。みんな涙を流し、別れを惜しんでくれた。一人一人の顔をみていると、いろいろな思い出が浮かんでくる。ボディ・ガードの警察官は、文字どおり寝食を忘れて、総理やわたしたちのいのちを守ってくれた。官邸に焼夷弾が落ちたときには、みんなが防火用具を持ち出して焼失を防いだ。夜間の学校にかよいながらはたらいていた若い女子職員たちが一同打ちそろってわたしのところへやってきて、涙ながらに「戦争に敗けないでください。わたしたちも全力を尽くしてがんばりますから……」と訴えたこともある。山下謙二秘書官の顔もあった。大蔵省時代からひきつづいて、わたしと行をともにし秘書事務のいっさいを引き受けてくれた内山繁君《うちやましげる》もいた。いずれも官邸のなかに泊りこんでわたしと寝食をともにし、生死を分かち合った人たちである。わたしの両のほおにもいつしか涙が流れていた。

首相官邸をあとにしたわたしは、まず、二重橋の前へ行った。皇居をはるかに拝み、心のなかで陛下にお礼をのべるとともにおわびも申しあげた。肩の重い荷がおりたので、街なかを少し歩いてみたいという衝動にかりたてられた。どこへ行っても、一面の焼野が原である。人が歩いている。服装はいちように粗末だったが、その表情には安堵の色が流れていた。わたしは、やはり終戦実現のために微力を尽くしたのは正しいと思った。

いつのまにか、わたしは銀座の街角に立っていた。焼野が原の一角に一本の電柱が青い空へ向かってのびている。八月なかばの空はぬけるように晴れ渡り、陽光がまぶしかった。ふとみると電柱に一枚の紙が貼ってある。近づいて、なんの気なしにそこに書きつけてある文字を読むと、つぎのように記してあった。

「日本のバドリオを殺せ。鈴木、岡田、近衛、迫水を殺せ」

バドリオというのは、第二次世界大戦の末期、イタリアのムッソリーニ政権が瓦壊《がかい》したあと連合国側に降伏したときのリーダーである。鈴木、岡田、近衛という三人の前、元首相の名前のあとにつづいて、わたしの名前が書いてある。総理大臣だった人たちとならんでじぶんの名前が出ているのをみると、そんなに悪い気はしなかったが、なんとしてもいやだったのは「日本のバドリオ」とか「殺せ」という薄気味悪いことばである。わたしは、不愉快になった。

ふと考えると、首相官邸を出てきたものの、わたしには、住むべき家がなかった。妻の万亀子《まきこ》は、中風でからだの不自由なわたしの老母と五人のこどもたちをつれて、新潟県の新発田《しばた》市に疎開していた。官途を辞したわたしは、いっそのこと、家族の疎開先へ行って、百姓でもしようかと思ったが、まだまだ東京に残っていて、やらなければならない仕事があるような気がしたので、さしあたり、家内の実家である岡田啓介海軍大将の家へころがりこむことにした。鈴木内閣が発足して以来、わたしは、ことあるたびに岡田大将を訪ね、指示を仰いだ。どんな小さなことでも岡田大将は相談にのってくれ、適切なアドバイスを惜しまなかった。ことに終戦に関しての工作は大部分が岡田大将の指導によるものだったといってもよい。わたしは、ほんとうによい岳父をもったものだと何度感謝したかわからない。

わたしが岡田家へ身を寄せるようになってからまもなく、所轄の世田谷警察署から苦情がもちこまれた。終戦の工作が具体化しはじめたころから、岡田大将は右翼のグループや陸軍の若い将校たちにいのちを狙われていたらしく、警察では岡田家の警衛にことのほか神経を使っていた。そこへまた要注意人物の一人であるわたしが入ってきたのでは、どうすることもできなくなるので、どこかよそへ行ってくれというのが警察側からの申し入れである。わたしが岡田家へ寄寓することによって、岡田大将の身の上に危険が加わるとなれば申しわけない。わたしは仕方なく木原通雄君の家へ移ることにした。それでも警察では責任がもてないという。きくところによると右翼や陸軍の残党がまだうごめいていて、鈴木総理や、岡田大将やわたしの身辺を狙っているので、外へは出てもらいたくないということと、一か所に三晩以上泊らないという二つの条件を守ってほしいとのことだった。銀座街頭の電柱に貼ってあったビラの内容は、単なるおどしではなく、真実だったわけである。

この日からわたしのさすらいの旅がはじまった。全国に指名手配されている重要犯人のように友人、知人宅をかくれ家にして転々とする明け暮れであった。ふた晩か、三晩泊ると、そこを出て行かなければならない。それも昼間の移動では人目につきやすいので、夜にまぎれて動くほかはなかった。あとで聞くと鈴木総理も同じ状態だったらしい。

こんなことがあった。外は雨風が強く吹き荒れ、暴風雨まがいの晩だった。世田谷区等々力《とどろき》の知人宅から麻布の石野信一《いしのしんいち》君（のちの大蔵事務次官）の家へ移ることになった。わたしはたまたま訪ねてきた友人の森口三三《もりぐちにぞう》君（のちの味の浜藤社長）とボディ・ガードの中村巡査の三人で車に乗った。車といえば体裁はよいが、当時走っていた木炭をたく自動車である。雨風のなかを走り出した車が東横沿線の府立高校の近くへさしかかったとき、とうとうエンコして動かなくなった。運転手は車の外へ出て一生懸命修理するがどうしても動かない。びしょ濡れになった運転手は申しわけないといった顔つきで、車の下へもぐったり、エンジンをかけたりしたが、ムダだった。雨足は強くなるし、風の勢いも増してくる。どんなに手を施しても車が動き出してくれない限りは、どうすることもできない。みんなで話合った結果、車のなかでひと晩すごすことにした。翌朝になると、嵐も過ぎ去り、車の修理もはかどった。石野君の家へ着くと、家族の人たちが大よろこびで迎えてくれた。前の晩に世田谷の等々力を出て朝になっても麻布へ着かないので、てっきり、途中で暴漢に襲われたのではないかと心配していたという。

このような生活がおよそ一か月近くつづいた。秋風が吹きはじめるころ、わたしはやっと等々力に狭い家をみつけ、落ち着くことができた。疎開先から老母をはじめ、家内やこどもたちが帰ってきた。そのころになると、右翼や軍の残党たちもあきらめたらしく、わたしの身辺護衛もゆるめられた。わたしにも、やっと、平穏無事な日がもどってきた。

新潟県新発田の在に疎開していた家族たちはだいぶ苦労したらしい。終戦の玉音放送が行なわれた直後、村の青年たちが何人も家族の疎開先へ押しかけ、石を投げたり、悪口雑言をあびせかけたということである。なかには「日本を降伏させた裏切り者の家族をこの村においておくわけにはいかない。すぐ出て行ってくれ」と脅迫する者もいたらしい。わたしの家内は、軍人の娘なので、その血を引いているのか、なかなかしっかりことである。

老母と五人のこどもたちをかばいながら、村の青年たちにこういったという

「みなさんのお気持はよくわかりますが、国を愛するという点では、うちの主人も人後に落ちません。わたしも軍人の娘です。女ですけれどもお国のためにいのちを捨てるくらいの覚悟をもっております。こんどの終戦は、天皇陛下が中心におなりになって、日本国民のためにいちばんよいと思われる道を選ばれたわけで、うちの主人や一部の人々だけでやったのではありません。本土決戦を主張した陸軍の方々だけが日本の国を愛しているとは思いません。これ以上戦争をつづければ、日本国民の犠牲はますます大きくなり、国の存立さえあぶなくなってまいります。日本は、いま、一時的には敗戦の悲しみを嚙みしめなければなりませんが、きっと立直るときがくると思います。そう考えて、陛下や総理たちが終戦の実現に努力されたわけです。みんなの国を思う気持が玉音放送になってあらわれたわけですから、これからは生き残った日本国民が力を合わせて再建に尽くすというのが、もっともだいじなことではないでしょうか」

青年たちは家内の気迫に押されたのか、どうにか納得して帰っていったという話である。東京に帰ってきた家族から、このときのもようをきいて、わたしはひたすら家内を賞めたことをおぼえている。

あとがき

時の流れるのは早い。わたしが鈴木貫太郎終戦内閣の書記官長に就任したときは、四十歳をいくつも出ないはたらきざかりだったが、いつのまにか馬齢を重ね、いまでは古稀の年を迎えるようになった。

終戦のあの日から三十年近い歳月が流れ去ったわけだが、わたしには、つい、きのうのことのように思われて仕方がない。しずかにまぶたを閉じると、いろいろな思い出があざやかによみがってくる。どんなに苦しい立場に追いこまれても顔色ひとつ変えないで難局を乗り切った鈴木総理の温顔がすぐそこにあって、いまでも「おい、迫水君」と呼ばれるような気がしてならない。昭和二十年の四月はじめ、陛下のたってのご希望で、終戦を実現させるために大命を拝受した鈴木総理は、それからの四か月あまりの間、文字どおり心血をそそいで戦争終結の工作をすすめてきた。総理の日常の言動は、いかにも淡々としているかのようにみえたが、小さなことにも気を配り、スロウリー・アンド・ステッドリーをモットーとして、うるさく突き上げてくる軍部をじぶんのペースへうまく巻きこみ、とうとう世紀の大事業を成しとげた。鈴木総理は、老子の「治大国者、若烹小鮮」ということばを愛誦していた。このことばのだいたいの意味は、大きな国を治めるのは小さな魚を煮るのに似ているということである。つまり、小さい魚を煮るにはとろ火でじっくりと煮なければかたちが崩れてしまうが、国を治めるのもそれと同じで、あせってはせっかくの大事を成しとげることができないということである。

人は出会いをたいせつにしなければならない。わたしは府立一中から旧制一高をへて東大法学部を卒業し、大蔵省に入ったが、いまだかつて鈴木総理ほどの大人物に出会った経験がない。しいて鈴木総理に比肩できる人物をあげれば、岳父の岡田啓介くらいしかいないような気がする。わたしは縁あって岡田の娘ムコになり、昭和十一年の二・二六事件のさいには首相秘書官として生死をともにした。そのときに受けた岡田の印象も強烈だったが、鈴木総理には別の意味でのえらさが備わっていた。

戦後、わたしは衆議院議員や、参議院議員に選ばれ、経企庁長官や郵政相などを歴任したが、岡田、鈴木という二人の首相のそばにいて教えを受けたことが有形無形のうちに非常なプラスになったのは確実である。鈴木総理だけではない。鈴木内閣をささえた東郷茂徳外相の適確な読みとシンの強さ、阿南惟幾陸相の腹芸、平和を愛してやまなかった米内光政海相、友情に厚かった左近司政三国務相らの姿を思い浮かべるとき、わたしはこんごともお国のために奉公しなければいけないとの決意を新たにするしだいである。鈴木総理が大命を拝受したのは七十九歳のときである。それを思うと、七十歳になったばかりのわたしは、もっともっと奮起しなければいけないと深く肝に銘じている。

戦後四分の一世紀をへて、日本の国民総生産は自由諸国の間で、アメリカについで第二位という実績をあげるまでに成長した。世界の人びとは、日本のことをエコノミック・アニマルと呼んでいる。いまから二十八年前の夏の暑い日、日本が今日のような繁栄をかちとると想像した者が果たしていただろうか。もし、あのとき、鈴木内閣が出現しなかったら、日本は軍部のいうがままに本土決戦を迎え、焦土になっていたかもしれない。大げさないい方をすれば、日本民族がこの地球上に存在し得たかどうかもわからない。ここに思いをいたすとき、わたしは微力ながらも今日の日本が存在することに大きな関係をもったことを満足に思う。

日本が終戦を実現させるためには、いろいろなことがあった。たくさんの人がみずからを犠牲にした。わたしはここ二、三年来、世情の変化にしたがって、あの日、あのときを思い出すために数多くの著書や資料を改めて読み返し、もう一度、活字にして広く世の人びとに知っていただきたいという衝動を覚えた。この作業は、だれかがやらなければならないとも思った。こうしてわたしは使命感といえば大げさかもしれないが、こんな気持で筆をすすめ、できあがったのが本書である。読む人にとっては、受取り方がちがうかもしれないが、わたしは真実だけをのべたつもりでいる。二十八年前の日本がいかに混沌としていたか、だれがどのような考えをもってどのような言動をしていたかを少しでも知ってもらえれば著者としてこれ以上のよろこびはない。

最後に一言つけ加えておかなければならないことがある。末筆でたいへんおそれおおいことだが、いまの陛下が真の意味の平和愛好者であり、終戦の大事業はまったく陛下のリードによって成就したことをとくに強調しておきたい。

なお、本書の執筆にあたって、評論家の大隈秀夫氏にたいへんお世話になったことを付記して謝意を表したい。

昭和四十八年の初夏

迫水久常

解説　「革新官僚」迫水久常の戦中と戦後──悠久なる国家を求めて

片山杜秀

本書は終戦史の古典である。一九四五年の四月から八月のポツダム宣言受諾直後まで、日本の総理大臣は鈴木貫太郎海軍大将。鈴木内閣が「大東亜戦争」を終わりに導いた。その内閣で内閣書記官長を務めたのが、著者、迫水久常。本書は迫水自身の見聞のみならず、終戦に関わった枢要な人々の記録を広く取り入れながら、一九四五年の日本政治史を迫真的に語っている。本書を知らずして終戦の過程を云々できはしまい。

内閣書記官長とは内閣官房の長の呼び名。内閣官房という名称は大正末からで、それ以前は内閣書記官室と言った。内閣官房は詔書や勅書や法令の公布などを行う。内閣は国家行政の担い手であり、法治国家における内閣の仕事はどの分野においても法令のもとに行われる。よって、内閣書記官長は内閣全般の業務に携わることになる。この役職は戦後日本の内閣制度における官房長官に相当する。ただし、戦後の官房長官は国務大臣に数えられるが、内閣書記官長はそこに含まれない。大臣ではなく高等官、つまり役人の待遇である。

にもかかわらず、たいへんな要職なので、内閣書記官長にはしばしば大物が就任した。井上毅や伊東巳代治だったこともある。田中義一内閣では鳩山一郎。犬養毅内閣では森恪。東条英機内閣では大蔵官僚から満洲国総務長官を経て貴族院議員になっていた星野直樹。小磯国昭内閣では、やはり大蔵官僚出身で平沼騏一郎内閣と東条内閣の大蔵大臣だった石渡荘太郎。

迫水久常はどうだったか。彼は石渡や星野直樹と同じく大蔵官僚。しかし、ふたりと違って迫水は就任時に現役だった。鹿児島の名家の出で、一九〇二年の東京生まれ。第一高等学校、東京帝国大学法学部法律学科と進み、一九二六年に大蔵省へ。一九四五年に鈴木内閣に迎えられたときには銀行保険局長。内閣書記官長就任時、満四二歳。一種の抜擢人事であろう。

なぜ迫水だったか。岡田啓介海軍大将の意向が大きかった。岡田は首相経験者にして、鈴木内閣の生みの親。講和条件がたとえ不利でも、一刻も早く終戦に持ち込むべきと考え、同じ海軍の鈴木貫太郎に期待をかけた。鈴木も本音は早期講和派だった。そして迫水はというと岡田の女婿である。その縁で迫水は、岡田啓介内閣時代の一九三四年から三六年まで、岳父の秘書官を務めた。三六年の二・二六事件を襲撃される側として体験し、岡田首相の危機を救った。岡田は鈴木内閣に迫水を送り込むことで、やや直截な言い方をすれば、内閣の思想と行動に岡田の意を確実に反映させようとしたのだろう。

とはいえ、鈴木内閣は岡田の言う通りに単純に動きはしなかった。生みの親は岡田の他にもいたからである。

日米開戦時の首相は東条英機。次が小磯国昭。どちらも陸軍大将。戦争指導に成果を挙げられず退陣した。首相選びを巡る陸軍の発言力は減少せざるをえない。近衛文麿も日米開戦の道筋に直接の関わりがあったから強く出られない。この段階で影響力を発揮できたのは、海軍を代表する立場にあった岡田啓介と、司法官僚出身の首相経験者、平沼騏一郎だった。平沼は早期講和派の岡田とは違った。日本本土で米軍を迎え撃つことも辞さず、そこで勝つとは言わないまでも、一矢を報いて、講和条件を有利にしたい思いが、まだあった。けれど岡田と平沼は、枢密院議長の鈴木貫太郎を信頼して次期首相に推挙するということでは一致できた。平沼は内閣書記官長に自分の腹心の竹内賀久治を就けたかったようだが、これは岡田の推す迫水に取られてしまった。

とにかく小磯内閣を継ぐ鈴木内閣は、岡田と平沼の連携があってこそ成立したし、両方の思惑を実現するように迫られた政権であった。もちろん岡田と平沼の立場は、この国の指導層の二分された意見を、それぞれに代表するものであったろう。当時の国論には分裂があった。しかもその分裂は広く表立って議論しあえるものでもない。政府部内に早期講和の意思があると公になってしまえば、陸海軍内の徹底抗戦派の反発、ひいてはクーデタを招く。また、戦争がいつ終われるとも定まらないうちに国民の戦意を著しく減退させ、国家の内部崩壊、革命等につながる恐れもある。内では早期講和を策しながら、外では本土決戦も準備し、柔軟に対応してゆくしかない。鈴木や迫水が本音を言ってしまってはおしまいなのである。

かくしてもたらされる鈴木内閣の本音と建前の二重構造は、大星由良之助もハムレットもびっくりするくらいのものだ。本音と建前の微妙な匙加減で世界は回ってゆく。そんなとてつもないお芝居の中での、内閣書記官長・迫水久常の役どころは、本音と建前の両方にとりわけ忠実というものだったろう。彼は岡田啓介の意を体して早期講和を常に意識していた。その一方で本土決戦準備の仕事もきちんとした。何しろ迫水は能吏であった。大物の「革新官僚」と世間から目されていた。

「革新官僚」という言葉は本書にも登場する。五七頁の高木惣吉『終戦覚書』からの引用。近衛文麿が、鈴木内閣の迫水起用の報を聞いて嘆息するくだり。「革新官僚を跋扈させるのはどんなものでしょうか。新内閣の前途も見通しが暗いですね」。ここで言う「革新官僚」とは、革新的なアイデアを持った官僚とか、そういう一般的な意味合いではない。戦後日本政治で保守と革新といえば、前者が資本主義・自由経済擁護、後者が社会主義・計画経済擁護である。その場合の革新と「革新官僚」の革新は同じ含みだ。

「革新官僚」とは、簡単に言うと昭和一〇年代の戦時体制作りに寄与した一群の官僚たちの呼び名である。日本における戦時体制作りは、社会主義的な思想や施策と結びついた。「革新官僚」は内務省にも商工省にもいた。戦費の財布を預かる大蔵省にも当然いた。大蔵省での代表格は迫水だった。

なぜ日本における戦時体制作りが社会主義的な内容と結びつくのか。たとえば戦争になると、経済の分野なら軍需の要求が急激に高まる。そうなっても、遊休設備と余剰労働力と余剰資源があれば、それらを動員するだけで需要は吸収できる。だが日本のような「持たざる国」にそんな余裕はない。限りある生産設備、資源、労働力を軍需に転換せねばならない。そういうことは市場任せではうまくいかないものだ。戦時にも民間企業の経済活動を自由放任した場合、企業は利潤を追求するから、常に儲かる方に資本を傾ける。自動車会社Aが民需のトラックと軍需の装甲車の注文を受け、民需のトラックの方が儲かるとなったら、トラック製造を優先するだろう。

それでは戦争に負ける。そうした事態を防ぐには、民間企業を国営化して国家の注文を最優先すれば手っ取り早い。つまり完全な社会主義化によって軍需最優先の計画経済を行えばよい。が、日本ではそうはいかない。社会主義を防ぐために治安維持法が制定されている国なのだ。とすれば、民間企業が民需よりも軍需を優先するように、法的に誘導するほかない。計画経済よりも緩いが自由でもない経済のありよう。社会主義的とも言えるが、「持たざる国」が戦争をするため、一時的にやむを得ず取る体制。戦時統制経済と呼ばれた。迫水久常はそのための法令作りに大蔵省で取り組んだ。たとえば一九三七年の臨時資金調整法や四〇年の会社経理統制令である。前者は金融機関が軍需産業へと優先的に貸しつけるよう誘導する法律。後者は軍需に携わる会社の利潤が株主配当や従業員賃金よりも設備投資に回るように背中を押す命令。そう言えばよいだろうか。

近衛文麿は迫水を、戦時体制に相応しい社会主義風の金融政策を次々と実現してきた「革新官僚」と認識していた。しかも日米開戦以後の近衛は、戦時に即応するためという大義名分を掲げた社会主義的施策の数々に不信の目を向けていた。「革新官僚」やその背景の勢力は、日本を本当に社会主義化するために、わざと戦争を長引かせて、なしくずし的に社会を変革しているのではないか。近衛はそうした想念に取り憑かれていた。当時、近衛の周囲にいた小畑敏四郎らの反社会主義派の陸軍軍人が近衛にそのようなものの見方を吹き込んだのだろう。だから近衛は新内閣の迫水起用に嘆息したのだと思う。

それはともかく、迫水を知恵袋にした鈴木内閣は、本土決戦の体制作りに一気に突き進んだ。本土決戦となれば、従来の統制経済程度ではとても追いつかない。内閣の権限を拡大し、国会を通さずに緊急立法し、行政の裁量権も拡大して、国民の私権の制限を徹底化することも辞さない。行政独裁、官僚独裁が本土決戦遂行には必要だ。そのための法的環境を整えようと戦時緊急措置法という怪物的法律が制定される。陸海軍の不仲による作戦の不効率を解消するための陸海軍一本化も推進される。そして、本土決戦に参加予定の膨大な国民を、少年から老人まで、法的には兵でなくても実質的には兵として扱え、軍の命令で動けるようにするための、国民義勇隊の制度作りも進められてゆく。日中戦争以来の戦時体制構築の努力は、一億玉砕も現実化しうるという土俵際の気分の中で、あらゆる反対を最終的におしのけて、鈴木内閣のもとでついに極限化したとも言える。

もしも鈴木貫太郎や迫水久常が腹芸にしくじって、本音が成就せず、建前だけが残って、戦時緊急措置法と陸海軍一本化と国民義勇隊が本格的に機能していたら？　本書は首の皮一枚でつながって生き残れた日本という国についての証言であり、そこをつなげたのは結局、迫水が司会した一九四五年八月九日深夜からの御前会議における天皇の涙ということになるだろう。本書の物語的・情緒的核心は天皇の涙にある。

ところで「革新官僚」迫水久常は日本をどうしたかったのか。近衛文麿が推測したように「革新官僚」はみな、日本を社会主義化したかったのか。そのために戦争を奇貨としたのか。それとも戦争遂行のためにやむを得ず社会主義風の法令作りに邁進したのか。人によりけりだろう。簡単に判断できない。とはいえ、判断の指標になることはある。戦後に保守と革新のどちらを支持したか。迫水は保守だった。自由民主党の代議士になった。池田勇人内閣では閣僚も務めた。池田が「所得倍増計画」を発表したとき、政府の経済計画を担当する経済企画庁長官だったのは迫水である。

確かに迫水の人生は計画や統制とよくつながる。が、社会党ではなく自民党。そもそも迫水が勤務先に大蔵省を選んだのは日本という国をもっと豊かにしたかったからだろう。迫水は一九四〇年、理財局金融課長時代に会社経理統制令についての講演の中で「高度国防国家」のことを語りだす。当時の日本が建設目標として掲げていた国家イメージである。

迫水は言う。「高度国防国家」というと軍事力のことばかりをみなさんは考えるかもしれない。が、そうではない。必要なときに必要な国防力を、政府や軍が無理強いせずとも速やかに捻出できるほどの経済力を持った国こそが真の「高度国防国家」なのだ。そこから先を私なりに斟酌すれば、経済の統制や計画を必要とせずとも、平時でも非常時でも、自ずと需要を満たせるくらい余裕のある国家こそが迫水の理想だったかと思う。したがって迫水にとっての統制経済とはあくまで「持たざる国」の非常時の方便ではなかったか。戦後の迫水が革新勢力ではなく保守勢力に与したひとつの理路はそこに求められはしないか。

最後に迫水の戦後の言葉に触れたい。彼は一九六三年一一月三〇日、「日本経済発展の要件」という講演を行った。そこで発展の要件として挙げられているのは「国家の悠久性に対する確信」である。迫水が日本国家に悠久性を感じる源泉は天皇の存在だ。本書でそれは十分に明らかだろう。が、日本国民が経済活動を安んじて行い続けるためにはそれだけでは足りない。もしも戦争が起きたときすぐに国土が荒廃するという予測が容易に立つようでは、長期的ヴィジョンに立って経済発展に励もうとは本気で思えない。たとえ他国に脅かされても、この国はついに安全ではないか。そう信じられるほどの自前の軍事力が必要だ。ところが一九六三年の日本はそうなっていない。日米安全保障条約で救われている。でも条約は不確かなもの。いつか解消されるかもしれない。悠久性の確信は揺らぎ続ける。そこからは時運に任せて刹那的にやろうという感情しか出てこないだろう。戦後の迫水が抱え続けた不安感である。

一九四五年八月一〇日午前二時すぎの昭和天皇の涙によって、首の皮のつながった日本は、いつか再び悠久性の確信を回復できるのか。もはやできはしないのか。迫水の問いかけは、現代のこの国にますます重くのしかかっている。

（かたやま・もりひで　政治思想史）

本書は、オリエント書房より一九七三年に刊行された作品を文庫化したものです。なお、本書中、今日では不適切とされる表現がありますが、時代的な背景があることをふまえ、底本のままとしました。

大日本帝国最後《だいにっぽんていこくさいご》の四《よん》か月《げつ》

終戦内閣《しゅうせんないかく》〝懐刀《ふところがたな》〟の証言《しょうげん》

二〇一五年 七 月一〇日 初版印刷
二〇一五年 七 月二〇日 初版発行

著 者 迫水久常《さこみずひさつね》
発行者 小野寺優
発行所 株式会社河出書房新社
〒一五一-〇〇五一
東京都渋谷区千駄ヶ谷二-三二-二
電話〇三-三四〇四-八六一一（編集）
〇三-三四〇四-一二〇一（営業）
http://www.kawade.co.jp/

ロゴ・表紙デザイン 粟津潔
本文フォーマット 佐々木暁
本文組版 株式会社創都
印刷・製本 凸版印刷株式会社

Printed in Japan ISBN978-4-309-41387-7

太平洋戦争全史

太平洋戦争研究会　池田清〔編〕　40805-7

膨大な破壊と殺戮の悲劇はなぜ起こり、どのような戦いが繰り広げられたか——太平洋戦争の全貌を豊富な写真とともに描く決定版。現代もなお日本人が問い続け、問われ続ける問題は何かを考えるための好著。

特攻

太平洋戦争研究会〔編〕　森山康平　40848-4

起死回生の戦法が、なぜ「必死体当たり特攻」だったのか。二十歳前後の五千八百余名にのぼる若い特攻戦死者はいかに闘い、散っていったのかを、秘話や全戦果などを織り交ぜながら描く、その壮絶な全貌。

二・二六事件

太平洋戦争研究会〔編〕　平塚柾緒　40782-1

昭和十一年二月二十六日、二十数名の帝国陸軍青年将校と彼らの思想に共鳴する民間人が、岡田啓介首相ら政府要人を襲撃、殺害したクーデター未遂事件の全貌！　空前の事件の全経過と歴史の謎を今解き明かす。

日中戦争の全貌

太平洋戦争研究会〔編〕　森山康平　40858-3

兵力三百万を投入し、大陸全域を戦場にして泥沼の戦いを続けた日中戦争の全貌を詳細に追った決定版。盧溝橋事件から南京、武漢、広東の攻略へと際限なく進軍した大陸戦を知る最適な入門書。

満州帝国

太平洋戦争研究会〔編著〕　40770-8

清朝の廃帝溥儀を擁して日本が中国東北の地に築いた巨大国家、満州帝国。「王道楽土・五族協和」の旗印の下に展開された野望と悲劇の四十年。前史から崩壊に至る全史を克明に描いた決定版。図版多数収録。

山本五十六の真実

太平洋戦争研究会〔編〕　平塚柾緒　41112-5

三国同盟に反対し、日米衝突回避に全力をあげた山本五十六。だが開戦やむなきに至り、連合艦隊司令長官として真珠湾奇襲を敢行する。苦悩のリーダーはどう行動し、いかに決断したか、その真実に迫る。